［新装版］時間と空間、物質を超える生き方

エミール大師と深くつながる
日本のヒマラヤ聖者がすべてを語る

成瀬雅春

ヒカルランド

ほんの少し
自分に意識を向けて、
自分を知ろうとすることで、
人生は大きく変わります。

自分に意識を向ける人が
一人でも増えるようになるといいです。
それは「人生で最大の謎」を
解こうということと同じです。
「人生で最大の謎」であり、
生涯をかけて知っていくべきことが
「自分のこと」なのです。

人は誰でも
ある程度の常識人となり、
後半生をどう生きればよいかを
考えるようになると、徳を積み、
霊性を高める必要を感じるのです。

真理、悟り、純粋意識など
宇宙の本質的な情報は
高峰がアンテナのような
作用をして
そのふもとで
キャッチ
しやすいです。

ただし、ふもとで
暮らしているだけでは
純粋情報は
キャッチできません。
修行を重ねたヨーガ行者の
繊細な感性と超常的能力が
その情報を
キャッチできるのです。

いろいろな執着を一つずつ解放していき、現世に対する未練が希薄になっていくと、肉体も希薄化するのです。

「空中浮揚は人間技とは思えない」という感想を抱く人もいるでしょう。
「人間」の視点で物事を捉えていると、自在に奇跡を起こすことはできません。

奇跡的力（シッディ）を
正しく安全に発揮するには、
ある種の「強さ」が必要です。
その強さというのは、
狂人になってしまうほどの
爆発的エネルギーを起こして、
なおかつ狂人にならず、
正常な意識状態を保つだけの
強さといえます。

はじめに――なぜ宙に浮くことも、肉体を消滅させることも可能なのか

ヒマラヤという言葉自体は、おそらく誰でも子供のころから耳にしていたでしょう。しかし、その「ヒマラヤ」が人生の中で関わってくる人となると、かなり少なくなります。

私が初めてヒマラヤを身近に感じたのは、一九七七年二月にインドに行ったときでした。ヨーガ道場が多くあるので有名なリシケーシュの橋の手前に「Welcome To Himalaya」と書かれた看板を見つけました。このとき「ああ、ヒマラヤに来たんだな」と思ったのです。

しかし、実際のヒマラヤはそこからはるか先だというのは、そのときは知りませんでした。リシケーシュはヒンドゥー教の聖地ですが、ヒマラヤに行く人たちが通過する町

だったのです。

その一年前の一九七六年ごろに『ヒマラヤ聖者の生活探究』（霞ヶ関書房）を入手して、エミール師の名前を知ったのです。その後、ヨーガを実践していく中で、ヒマラヤで修行しているインド人ヨーガ行者とも親しくなり、私自身ヒマラヤで修行するようになりました。

私が修行していたのは、ガンジス河源流のゴームク（標高三八九二メートル）です。延べ一三年、毎年ゴームクに行き厳しいヨーガ修行を重ねました。ゴームクは、ヒマラヤの山奥から続くガンゴットリー氷河の終わる地点です。氷河の下を流れる水が、数十キロの旅を経て初めて地表に出るところが、ガンジス河の始まりです。

そのゴームクで、氷河を前にしてヨーガをしたり、氷河を越えたタポワン高原（標高四四六〇メートル）で瞑想したりという経験を積んで、ヨーガ経典に記載されている数々のテクニックを身につけました。

たとえばツンモ（トゥンモ）というテクニックは、体温を自在に調節する方法です。

氷河の氷上で坐《すわ》って瞑想するには、自分が瞑想する周辺を、温室状態にしなければ、凍え死んでしまいます。厳寒のヒマラヤで修行するには必須のテクニックです。

ルンゴム（空中歩行）も、ヒマラヤ聖者が体得しているテクニックです。現代文明のような交通手段のないヒマラヤで、短時間に長距離を移動するには、ルンゴムを身につける必要があります。

またキリストや仏陀、ミラレバ聖者などが身につけていた水上歩行も、ヒマラヤで修行を続けるヨーガ行者は修得する必要があります。その他、心臓の鼓動を止める呼吸法やクンダリニー覚醒技法（シャクティチャーラニー・ムドラー）などを私は独学で体得しました。その助けとなったのが、ヒマラヤという環境でした。

氷河とガンジス河と大地、そして空以外に何もない自然環境に身を任せて、自分自身を見つめ、自分を知るための瞑想を深めていくことによって、そういう環境で必要とされる能力を、確実に体得できたのです。

『ヒマラヤ聖者の生活探究』に登場するヒマラヤのマスターであり超人のエミール師や

チャンダー・センなどの方々が淡々と見せる、奇跡的なテクニックは、そういう能力を得たいと願って得たものではないのです。あくまで、「必要」だから得られた能力なのです。

本当に必要であれば、数百年の間寿命を保つことも、宙に浮くことも、肉体を消滅させることも可能です。順序が逆転すると何も得られません。

まず、自分自身を見据え、自分を知ろうとして、自分の霊性を高めようとすることで、あらゆる奇跡的な能力は、必要に応じて使えるようになるのです。

私は、これまでのヨーガ修行でそのことを確信しています。無理に奇跡的能力を身につけようとするのではなく、人生を楽しく謳歌するために、肉体も精神も霊性も、磨き上げることが大切なのです。

その意味では、ヒマラヤ聖者だけが奇跡的能力を必要としているということではなく、一般社会人でも自分の霊性を高める努力をしていけば、必要に応じて奇跡的能力が身につくのです。そうして身についた能力は、社会生活を豊かにして、輝きに満ちた人生を送るために、大いに役立ちます。

本書の中でも、そういうテクニックをいくつか紹介しますので、参考にしていただき、豊かで実りある人生にしてください。

成瀬雅春

［新装版］時間と空間、物質を超える生き方　目次

第二章 時間と空間を超越する空中浮揚

第三章 シッディ（超常的能力）を解明する

第四章 悟りへ向かうために必要な「意識の拡大」について

第五章 奇跡を起こす方法

装丁　櫻井浩（⑥Design）
カラー1〜3、8頁写真　中谷航太郎
カラー4〜5頁写真　©C.O.T/a.collectionRF/amanaimages
本文仮名書体　文麗仮名（キャップス）

第一章

ヒマラヤ聖者を訪れる旅

ヒマラヤ聖者が生活している村はどこにあるのか？

　私が翻訳に携わった『［実践版］ヒマラヤ聖者への道Ⅰ〜Ⅲ』（全6巻、ヒカルランド）に登場するヒマラヤの村はどこなのだろう？　という疑問を抱くのは、当然のことです。私はそう思われる村や、ヒマラヤ聖者が生活しているだろうと思われる場所を、これまでに何か所か訪れたことがあります。

　その中で、ヒマラヤ聖者のエミール師がおそらく来たことがあるだろうという場所もありました。ちなみに、エミールという名前は、便宜上の仮の名です。一二〇年前にベアード・スポールディング氏たち地質調査団一行が出会ったヒマラヤ聖者ですが、その体験を出版するときに、本名ではなく仮の名にする、という約束があったからです。

　そのエミール師を含め、ヒマラヤ聖者の方々の行動範囲はかなり広いです。私が訪れた地でも、インド、ブータン、モンゴル、ネパール、チベットに、そう思われる場所がありました。

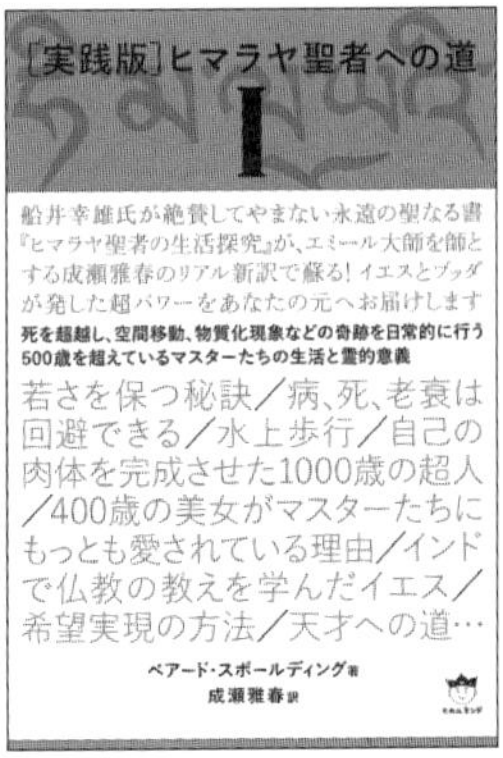
［実践版］ヒマラヤ聖者への道
I
船井幸雄氏が絶賛してやまない永遠の聖なる書
『ヒマラヤ聖者の生活探究』が、エミール大師を師とする成瀬雅春のリアル新訳で蘇る! イエスとブッダが発した超パワーをあなたの元へお届けします
死を超越し、空間移動、物質化現象などの奇跡を日常的に行う
500歳を超えているマスターたちの生活と霊的意義
若さを保つ秘訣／病、死、老衰は回避できる／水上歩行／自己の肉体を完成させた1000歳の超人／400歳の美女がマスターたちにもっとも愛されている理由／インドで仏教の教えを学んだイエス／希望実現の方法／天才への道…
ベアード・スポールディング著
成瀬雅春訳

一八九四年に、ベアード・スポールディング氏を含む地質調査団がヒマラヤを訪れて、エミール師の生活をつぶさに検分しました。それから一二〇年という時間が経過しているので、当時の村がそのまま現存しているということはないかもしれません。

――が、重要なのは、**その当時のヴァイブレーション（＝残留想念）は確実に残っている**ということです。それを感じられるのは、ヨーガの瞑想能力です。

ある場所に、エミール師がいたことがあるとすると、それがたとえ一二〇年前のことであっても、「残留想念」は確実に存在しています。たとえば、今この本を読んでいて、いろいろな想いが浮かんできているでしょう。そうすると、その「想い」は、その場にいつまでも残り続けます。

その現象は時間も空間も超越しているので、どんなに古い時代でも関係ありません。また、一つの場所に、何千人の残留想念があっても、何億人の残留想念があっても問題ないです。残留想念は時間の経過もなければ、広いスペースを必要とすることもありません。

私の例を一つ紹介します。

インドのある村で八〇〇年前の自分の残留想念に出会う

あるとき、瞑想している中でヴィジョンを観ました。インドのある村の風景が映し出されてきて、そこで私が生活しながら、ヨーガ修行をしているのです。かなり熱心に修行していて、その村の住人からも慕われていました。

村長は別にいるのですが、村人の相談に乗ったり、祭祀を執り行ったりして、村の相談役のような存在でした。その当時の私のヨーガ修行が、現世でのヨーガ行者としての能力の下地になったようです。

その瞑想の中で理解できたことですが、それは今から八〇〇年ほど前のことだったのです。なぜ八〇〇年前ということが判ったのかの説明は難しいです。一般的な言葉では直感的に入ってきたということです。瞑想によって「純粋意識」という状態になり、その中から得られた情報です。

しかし、その何年後かに何人かの人から、「あなたは八〇〇年前にインドで生活していたでしょう」「あなたのヨーガは八〇〇年前に覚えたものですね」というニュアンスのことを聞きました。

私自身、ヨーガ修行を続けていく中で、高度なテクニックを師匠もなしに身につけられることに対して、最初のうちは不思議な気分でした。しかし、八〇〇年前にヨーガ修行を積み重ねていたのだとすれば、納得がいきます。

その話にはもう一つおまけがあって、八〇〇年前に生活していた村を、インドで実際に見たのです。インドのあるところで角を曲がった瞬間に、目の前に広がる風景が、間違いなく見覚えのあるものでした。いわゆるデジャヴュ（既視感）体験です。自分の中で疑う余地がなく、「ああ、ここにいたんだ」と確信しました。

たぶん、八〇〇年前の自分の残留想念が、その場所に存在していたのだと思います。

インド北部のラダックでチベット密教の瞑想法、倍音声明を実践する

北インドにラダックという地方があります。ヒマラヤ山脈の西の端にあり、チベット文化が色濃く残っているところです。

私は一九八六年、八七年と二〇一三年の三回ラダックを訪れました。一回目はスリナガルから陸路でラダックの中心地レー（標高三五〇〇メートル）に入りました。二回目と三回目は、デリーから空路でレーを往復しました。一回目と二回目もいろいろなことがあったのですが、ここには一番最近の体験を書きます。

二〇一三年六月一日から八日までインドのラダックに行き、九か所のゴンパ（チベット仏教寺院）で倍音声明《ばいおんしょうみょう》をしてきました。倍音声明はもともとチベット密教の瞑想法なので、どこのゴンパでも快くお堂を使わせてもらえました。

六月二日、インド国内線の航空機でレーに到着して午前中は、三五〇〇メートルという高度に慣れるためにのんびりとして、午後からレー王宮を訪ねました。

その後、バザールに行きました。レーのメインバザールは、二五年前とほとんど変わってなかったです。その当時ちょうど私のヨーガ教室の一〇周年記念祭でチベットの僧侶を主人公としたミュージカルをすることになり、その衣装や小道具などをこのメインバザールで買い付けたことを思い出しました。

六月三日、シェイゴンパでラダック初の、倍音声明を実践しました。倍音声明は、「ウ～オ～ア～エ～イ～」と母音を唱え続けるという瞑想法です。このツアー用に私が作った方法で実践を開始しました。途中で鐘の合図があり、それまで各自ばらばらに五音を唱えていたのが、一斉に「ウ」を唱えるのです。その後は、また各自の音がバラバラになっていくというシステムです。

シェイゴンパはラダックに来て初めての倍音声明ということなので、参加者の声もあまり出なかったです。三五〇〇メートルという高地への順応がまだできてない人が多かったせいもあるのでしょう。

二か所目はティクセゴンパでの倍音声明です。ティクセゴンパの外観はチベットのポタラ宮殿と似ています。二階の天井まで届く大きな弥勒菩薩像を囲んで実践しました。

開始前に、鐘の合図で音を変えるのを「オ」と指定しました。「ここは〝オ〟の寺です」と言ってスタートしました。

三か所目は標高三八〇〇メートルに位置しているヘミスゴンパです。ラダックのゴンパの中で一番標高は高いのですが、三回目の倍音声明なので、参加者も徐々に慣れてきて、声の出具合も良くなってきました。「標高が高いので有名な〝あの寺〟です」と冗談を交えて、鐘の合図で変える音を「ア」と指定してスタートしました。

実践時間は一四分でした。ちなみに最初のシェイゴンパでは一〇分で、次のティクセゴンパでは一一分だったので、徐々に実践時間が長くなっています。実践時間が長いということは、音も良くなってきて、各個人の瞑想状態も上向いていると考えられます。

ちなみに、この実践時間は、ただ単に二〇分、三〇分と実践すればいいというのではなく、参加者全員がベストな状態で、なおかつその場と完全に溶け込んでいる必要があります。そのうえで、精妙な意識空間が堂内に満たされている時間です。そのレベルの空間作りは通常困難を極めます。しかし、私はこれまでに倍音声明を三〇年間実践し続けてきていますので、そのへんの問題はないです。

ラダック初の倍音声明を実践したシェイゴンパ

チベットのポタラ宮殿と外観が似ているティクセゴンパ

タクトゴンパの倍音声明でムドラー（印）を組む

ティクセゴンパのマイトレーヤ（未来仏）前での倍音声明

そして四か所目のチェムディゴンパは、時間は一五分でわずかにヘミスゴンパを上回っていますが、内容的にはほぼ同じという感じでした。

一日目最後がタクトクゴンパです。通常観光客が行かないこのゴンパには、パドマ・サンバヴァが瞑想したという部屋があります。パドマ・サンバヴァ（サンスクリット語で「蓮華に生じた者」）は、チベットに仏教をもたらした人で、チベット仏教の最初の宗派ニンマ派の創始者です。チベットやブータンでは、グル・リンポチェと呼ばれています。

パドマ・サンバヴァが瞑想したという部屋に入った時点で、私は「何かあるな」と覚悟しました。そしてその部屋を使わせてもらって、実践しました。倍音声明は「ウオアエイ」という順序で発声していくので、この五番目のタクトクゴンパは、当然「イ」の寺ということになります。

内部に入るとその構造に驚きと感動が生じました。お寺の堂内だと思ったら、そこは洞窟内だったのです。巨大な岩山に穿《うが》たれた洞窟の入り口部分だけお寺の建築構造になっているのです。内部は完全な洞窟でした。実は、このタクトクゴンパは二五年前にも訪問しているのですが、そのときはこの構造自体に気づかなかったのです。

洞窟内での倍音声明は、日本でも何度も実践していて、確実に良い状態になることを知っていました。案の定、ツアー参加者の中には、感動の涙を流す人や、いいようのない至福感に包まれる人などが、多くみられました。

初日に五か所を巡った倍音声明ですが、このタクトクゴンパでの実践時間は、二四分と断トツで長かったのです。……というか、実践していた我々はそれでも短いと感じました。

音の巨大なうねりが生じる倍音声明

二日目の倍音声明はスピトクゴンパからスタートしました。声が出しづらく音が拡散していたので、あまり長くできないなと判断し、早めに無音にしたら、無音になってからのほうが、良い感じでした。

移動の途中で、ザンスカール河とインダス河が合流するサンガムを見ました。大河の合流点は、どこも河の色が違うので、それが混じり合う様を見るのは面白いです。そして二つ目のリキルゴンパでは、広いお堂を使わせてもらったので、久々に参加者が円陣を組んで実践しました。途中私が少しだけ「舞い瞑想」をしましたが、それは倍音声明の音が良かったからです。

舞い瞑想というのは、私のオリジナルの瞑想法です。動く瞑想法の一つだといえます。ウ〜オ〜ア〜エ〜イ〜、と発声しながら瞑想している参加者の円陣の中央で、私は心の奥底から生じてくる微細な動きを肉体に伝えるのです。それによって瞑想状態でありながら、まるで舞いを舞っているような動きとなるのです。

昼食をはさんで午後からは二日目最後のアルチゴンパに行きました。ヴァイローチャナテンプルという一〇〇〇年前に描かれた壁画マンダラがそのまま残っているお堂で倍音声明を実践しました。翌日はラマユルゴンパとワングラゴンパを訪れる予定です。

しかし、私は時間が許せば、洞窟状になっているタクトクゴンパでもう一度倍音声明をしたいと提案しました。いろいろ調整してもらって、ワングラゴンパをパスしてタク

リキルゴンパの倍音声明で舞い瞑想を実践する

ザンスカール河とインダス河が合流するサンガム

トクゴンパに行くことになったのです。

三日目のラマユルゴンパではフェスティバルが開催されているとの情報で、もしかしたら倍音声明はできないかもしれないということでした。少し早めに出発して到着すると、早速チベットの仮面舞踊が繰り広げられている広場に行きました。参加者が踊りを見学している間に、倍音声明を実践する場所を決めました。

小さめのお堂で、ちょうど僧侶が勤行中で、一五分ぐらいなら使っていいということになり、早速倍音声明を実践しました。途中で変える音は「オ」を指定しました。その間僧侶は私たちの倍音声明を聞いていました。あまり時間をかけないようにして終わらせました。

そして一昨日の最後に実践して、最高の音を体感できたタクトクゴンパに向かいました。山道を車に揺られて三時間以上かかり、タクトクゴンパに到着しました。この倍音声明ツアーの締めくくりとなるタクトクゴンパでの二度目の倍音声明です。途中で変える音は「ア」を指定しましたが、さらにもう一度合図の鐘が鳴ったら、自分の好きな音

ラマユルゴンパ

ラマユルゴンパから望む風景

を好きなだけ唱え続けていいとしました。つまり発声に関してはフリーということです。参加者に思う存分倍音声明体験をしてもらいたいので、そういう方法を最後に持ってきました。案の定後半の音は音量といい音圧といい、巨大なうねりが生じていました。全員大満足のうちに九か所、一〇回の倍音声明は幕を閉じました。倍音声明ツアーとしては、大成功だといえるでしょう。

古代の洞窟で、パドマ・サンババヴァとエミール師、私のエネルギーがピタリと合った

最後のタクトクゴンパで二度目の倍音声明を実践したのは、参加者の意向を汲《く》んだということもあるのですが、パドマ・サンババヴァとヒマラヤ聖者のエミール師としっかりとコンタクトを取りたいということがあったからです。

——その倍音声明実践中、私の坐っている二メートルほど左のスペースに異質のエネルギーを見つけ出しました。二〇数名の参加者が「ウオアエイ」と声を出して、母音が

渦巻いている洞窟内の一つのスポットに、私の意識を合わせると……。

パドマ・サンババヴァとエミール師の存在が浮かび上がってきました。そうだろうなとは思っていましたが、はっきりとその存在を確認できると、私の目にもうっすらと涙が浮かんできました。

そして、この二人の先人が坐って瞑想した場所に、私も坐るべきだという確信を得ました。それは私の望みでもあり、パドマ・サンババヴァとエミール師の望みでもあるのだという思いもごく自然に生じたのです。


倍音声明が終わり、ツアー参加者が名残惜しそうに洞窟内の雰囲気を味わっています。その人たちにはいったん洞窟の外に出てもらい、私は添乗員の大塚辰徳さんを、もう一度洞窟に呼び戻しました。インドアジア圏の旅行に強い「大陸旅遊」の大塚さんは、何でも頼める心強い添乗員です。私の瞑想をカメラに収めてくれるように依頼しました。

そして岩をくり抜いたお堂の中をつぶさにチェックしたのです。すると正面から向かって右の一角に強いエネルギーが感じられるスペースがありました。床は岩盤がむき出

タクトクゴンパ洞窟内のエミール師とパドマ・サンバヴァが瞑想した場所に坐る。瞑想を通してエミール師とパドマ・サンバヴァとコンタクトを取る

タクトクゴンパ洞窟の入り口

し状態で、一千数百年の歴史がその床をつるつるにしていました。

私は間違いなくここにパドマ・サンバヴァとヒマラヤ聖者エミール師が坐って瞑想していたという確信を得たのです。そこに坐った瞬間から二人の聖者のエネルギーと私のエネルギーの焦点がピタリと合ったのです。二人ともまさにここに坐って瞑想を重ねていたことは、私の中では疑いを挟む余地がありません。床は岩盤がむき出しです。たくさんの人たちが歩き、坐った場所なので、岩の床は黒光りしています。

坐った瞬間に、パドマ・サンバヴァとエミール師の残留想念とつながりました。二人とも、私がそこに坐ったことを喜んでいるのが、はっきりと判りました。パドマ・サンバヴァとは一九九六年のブータン訪問以来、久しぶりに意識がつながったのです。

タクトクゴンパに長期滞在したエミール師から「ありがとう」の思念を送られた

私がエミール師と具体的にコンタクトしたのは、このタクトクゴンパが初めてのことです。

瞑想に入ってすぐに、濃密なエネルギーが私の体内外に充満するのが判りました。この状態ならば、クンダリニーエネルギー覚醒は、いとも簡単にできます。試しにシャクティチャーラニー・ムドラー（クンダリニー覚醒技法）を開始すると、あっという間にエネルギーが、尾骶骨部分から頭頂部まで走り抜けました。

すると、予測していた通り、私の肉体が浮き上がりだしたのです。両手でヒザを押さえて、これ以上身体が浮き上がらないように、押さえ込みました。あとで確認すると、わずかに浮き上がっていると思われる写真が一枚ありました。

ブータンでもパドマ・サンバヴァとつながったときに、私は空中に浮き上がるという経験をしました。そのときと今回の体験で、パドマ・サンバヴァとつながると私の肉体は容易に浮き上がるということが、確認できました。

パドマ・サンバヴァからは言葉ではなく「ありがとう」というヴァイブレーションが来ました。その意味合いを瞑想を介して聞くと、空中浮揚という役割を担ってくれていることと、ブータンのタクツァン僧院で倍音声明をしてくれたことの二つの意味で、ありがとうとのことでした。

エミール師はタクツァン僧院を訪れたことはないそうですが、このタクトクゴンパには「長期滞在したことが何度もある」とのことでした。そしてエミール師も私に対して「ありがとう」というヴァイブレーションを送ってくれました。それは『［実践版］ヒマラヤ聖者への道』の日本語版出版に対してでした。しかも私がその役割を担ったことをとても喜んでいるようでした。


空中浮揚という、現代常識では考えられない技法を介すると、私たち三人は何の抵抗もなく密接につながる。それを理解している人同士でなければ、判り合えない精妙な世界を共有できることの幸せをひしひしと感じます。

その写真を撮影した大塚さんの感想は以下の通りです。

「先生がどこかへ行ってしまいそうな感じがした」

「先生が消えかかっているように見えた」

「ブルブルと震えている先生は何かを抑えているように感じた」

「このまま続けば先生が宙に浮いてしまうと確信した」
「自分にとってはあまりに強烈な何かに触れたようで、ゴンパを後にして車に戻り、先生と数語言葉を交わした後は、鳥肌と目じりからの涙が止まらなかった」

今回は、パドマ・サンバヴァに加えて、エミール師ともつながったので、さらに、私の肉体が希薄になったのだと思われます。私自身も、自分でヒザを押さえて、浮き上がらないように努力しました。それは、このまま浮き上がると、たぶん肉体が消え去ってしまうだろうという感触があったからです。

チベット仏教の故郷ブータンの聖地で起きた突然の空中浮揚

チベットの首都ラサは、現在中国領となったので、もともとのチベット仏教色が薄れています。ダライ・ラマをはじめ主な高僧は、ネパールやインドなどに亡命してしまって、チベットの僧院はかなり形骸化してしまいました。

一九九三年五月にチベットを訪問したのですが、ヒマラヤ聖者の雰囲気を感じられる僧院はありませんでした。王宮であるポタラ宮殿も、観光地の風情が漂っていました。ほとんどの僧院は中国軍の軍人が管理しているようでした。

それでも、ポタラ宮殿の僧侶は、私たち一行に優しい心遣いをしてくれました。ポタラ宮殿内の観光ルートで、私が気になったところがあったので、そこで倍音声明をさせてほしいと僧侶にお願いしました。

その僧侶からの許可が出たので、みんなを集めて、他の観光客が通れるスペースを確保して、その一角に陣取りました。そして倍音声明を開始すると、その僧侶が観光客を足止めさせたのです。私たちの瞑想を邪魔させないようにとの配慮です。約二〇分程度のことですが、それでも観光客を足止めして私たちに瞑想させてくれたのには、驚きました。

もっとも、他のチベット寺院でも、内部で倍音声明を実践するのを断られたことはありません。むしろ積極的に「どうぞお使いください」という寺院がほとんどでした。その点は、ラダックでもブータンでも同じで、基本的にチベット仏教の寺院では、私たち

チベットの首都ラサ、ポタラ宮

1903～04年ごろのポタラ宮

の倍音声明は歓迎されました。
ただ、そういう寺院も中国軍が管理しているという部分は残念でした。

それに引き換えブータンは、「チベット仏教の故郷」という言葉がふさわしい国です。一九九六年にブータンのいくつかの僧院を訪問して、それぞれの寺で倍音声明を実践しました。中でもブータンの象徴とされる「タクツァン僧院」には、確かにヒマラヤ聖者の残留想念がありました。

タクツァン僧院は、八世紀に偉大なグル（導師）であるパドマ・サンバヴァ（蓮華生・別名グル・リンポチェ）が、雌虎の背に乗るという奇跡的な方法でやってきたという由来があります。パドマ・サンバヴァはチベット仏教ニンマ派の開祖です。

パドマ・サンバヴァの妻たちの中の一人が、雌虎に姿を変えてタクツァン僧院に飛来したと伝えられています。そしてタクツァン僧院にいる間に、パドマ・サンバヴァは虎に乗った恐ろしい姿で、八種類の邪悪霊を服従させるいくつかの儀式を行い、数か月の孤独な瞑想と秘儀をほどこした後、チベットに去ったとされています。

タクツァン僧院内部には、もともと観光客は滅多に入ることができないと聞かされていたのですが、私たちは中に入れてもらい、パドマ・サンバヴァが虎に乗って飛んできた場所という部屋に、最初に案内してもらいました。

その部屋に入ったとたん、一二〇〇年前にタイムスリップしてしまったかのような、現実離れした感覚に襲われました。その部屋で倍音声明を実践したら、とんでもないことが起きるだろうと危惧しました。あまりにも濃密なヴァイブレーションなので、そこに倍音声明による音のシャワーが降り注げば、良くも悪くも人体に対する影響が大きすぎるのは確かです。

その私の危惧を感じたかのように、案内した僧侶はその部屋の真上にある勤行堂に導いてくれました。そしてその部屋で倍音声明を実践しました。

各自には前半と後半で、内容の違う倍音声明を実践するように伝えました。前半の段階ですでに異様な盛り上がりとなり、後半に入るとそれがさらに倍加して、完全に現実世界と隔絶した場が出来上がってしまったのです。

このあたりから私の肉体内では、クンダリニーエネルギーの上昇が自然に開始されたのです。徐々に肉体内のエネルギーが飽和状態に近づいて「これは空中浮揚につながってしまうな」と思ったけれど、しばらくは冷静にその状態を観察していました。

あと数分で倍音声明を終わらせようと考えていたとき、突如私の肉体が床から離れたのです。それは、ほんの三センチほどのようなので、たぶん見ている人は気づかないだろうと思われました。

私の空中浮揚は意識的に実践するので、普通は「空中に浮いてしまった」ということはないのです。その意味では、私としては珍しい現象なので戸惑ったのですが、空中浮揚そのものは数多く実践しているので、パニックに陥《おちい》るようなことはないです。

しかし、このままずっと続けているとさらに上昇して、誰の目にもはっきりと判る空中浮揚になってしまう。そこで、倍音声明を終わらせたとたんに、両脇にいた二人に私のヒザを押さえさせました。二人は最初その意味が判らずに、私のヒザに軽く手を乗せました。そうするとまた私の肉体が上昇しだしました。

そこで、今度は二人に強く押さえるように指示したのです。それでも「私の肉体」は上昇の方向に向かい、しばらくは押さえつける二人の力と上昇する力とが、ぶつかり合っていました。タクツァン僧院という、世界的にも稀有《けう》な聖地で起きたこの現象は、私にとって初めての経験でした。

そこで私は、シャクティチャーラニー・ムドラー（クンダリニー覚醒技法）を実践するときの終了時と同じ要領で、体内のエネルギーを頭頂部から外へ抜いてみました。すると、予想通りエネルギーが体外に抜けていく確かな手ごたえが感じられて、肉体の上昇もおさまり安定したので、各自に瞑想を解くように指示したのです。

倍音声明終了後も、勤行堂内には強いエネルギーが渦巻いていましたが、いつまでも、この状態を引きずっているのはよくないです。そこで、まず私自身が意識を平常状態にもどし、その後全員に意識を戻すように促しました。

一二〇〇年の時空を超えたパドマ・サンバヴァとの対話

タクツァン僧院からの帰路、私は、僧院の門のところで少しのあいだ坐ったのです。

そしてムドラー（印契）を組んで、パドマ・サンバヴァの意識にヴァイブレーションを合わせました。最初は、漠然と感じただけだったのが、徐々にはっきりとしてきて、パドマ・サンバヴァの瞑想状態と、私の瞑想状態がピタリと一致しました。すると、時空の壁を越えて、パドマ・サンバヴァと私の対話が開始されたのです。

対話といっても、お互いの意識体で交わす言葉を超えた対話です。パドマ・サンバヴァの意識体というのは、たとえ一二〇〇年経過していても、消えることのない残留意識体です。なぜ消え去らないかというと、生きている人たちが思い続けているからなので、パドマ・サンバヴァを慕う人がいる限り消え去らないのです。

その対話の内容は、パドマ・サンバヴァから私にダイレクトに伝えられたものなので、活字にすることは難しいですが、ニュアンスが違ってしまうことを承知のうえで、その一部を紹介します。

パドマ・サンバヴァがブータンのタクツァンに飛来してきたことが原因で、ブータン人の使っている国名がドゥルック・ユル（雷龍の国）となりました。そして、そのことを私に語った理由が「クンダリニー」にあるということもパドマ・サンバヴァの意識体

ブータンの国旗には龍が描かれている

ブータン人の使っている国名はドゥルック・ユル（雷龍の国）

から明かされました。

ブータンは「龍の国」と呼ばれていて、首都ティンプーは「龍王の都」と呼ばれています。国旗には上昇する龍が描かれていて、その龍の開かれた口はブータンを守護する護法尊の絶対的な力を意味していて、双龍が五鈷杵《ごこしょ》を挟む国章もまたクンダリニーとの関係が深いです。

パドマ・サンバヴァがブータンのタクツァンに飛来してきたのは、表向きには仏教を広めるためとなっています。しかし、私との対話の中ではタクツァンで瞑想をしたのは「クンダリニー覚醒技法」成就のためだということでした。

また、パドマ・サンバヴァは、私がタクツァン僧院で倍音声明をし、クンダリニー上昇が起こり、空中浮揚現象が起きたのは、「すべて『クンダリニー覚醒技法』成就のため」だと言い、「その成果は、一年後に現れるだろう」という、予言めいたことを私に伝えて、対話を終了しました。その予言は、ちょうど一年後の「クンダリニー研修」で、おそろしいほどピタリと実現しました。

そして、タクツァン僧院にはヒマラヤ聖者の残留想念が、かなりありました。エミー

標高三〇〇〇メートルのジョムソンからチャランへ向かう途中

六〇〇年ほどの歴史があるチャランゴンパ

大自然の中をジープが疾走する

一三〇〇年ほどの歴史があるガルゴンパ。パドマ・サンバヴァがチベットのサキャ寺を建立する前に、「建てなければならない」と言って建てられた寺院

チョルテン（仏塔）

ル師はタクツァン僧院を訪れていませんが、他のヒマラヤ聖者が訪れては宿泊し、修行をしていた場であることは間違いないです。

秘境ローマンタンはヒマラヤ聖者エミール師とパドマ・サンバヴァの足跡が明らかにある地

ガンジス河源流の「ゴームク」はヒマラヤ行者としての私の、最適な修行場でした。そのゴームクでの一三年の修行を終えたのち、「次の修行場はどこですか?」という質問を多くの人から受けます。

私の中で数十年来の憧れの地として残っていた、たった一つの地名「ローマンタン」が二〇一四年のツアーで、新たな修行場として決まりました。

ローマンタンは、旧ムスタン王国の首都であり、一九九一年まで外国人の立ち入り禁止だったので「禁断の王国」と呼ばれていました。ムスタン王国はネパールの自治区となり、二〇〇八年に藩王制が廃止となったのです。

八月三日、標高約三〇〇〇メートルのジョムソンからチャランへ向かう途中のチャランゴンパで倍音声明を実践しました。やっとチベット仏教圏に来たという気分です。お寺も良い感じだし、倍音声明も気持ちよくできました。六〇〇年ほどの歴史ある寺ということで、床に座り込んでの倍音声明は数百年のタイムスリップ体験となりました。

そしていよいよローマンタンに向けて出発となりました。大自然の中をジープが疾走して一時間ほどで、ガルゴンパに着きました。そこは一三〇〇年ほどの歴史がある寺院で、パドマ・サンバヴァがチベットのサキャ寺を建立する前に、建てなければならないと言って、建てられた寺院です。

さすがにそういう歴史があるゴンパでの倍音声明は素晴らしいものでした。本堂と勤行堂の二か所で倍音声明を実践しました。勤行堂に向かって右側の石の床に座り込んで実践したことで、その床がたどってきた歴史を直接体感できました。

それはまさにパドマ・サンバヴァが坐って瞑想し、エミール師が坐って瞑想した床であり、空間です。ラダックのタクトクゴンパの床と同じヴァイブレーションが感じられました。そこでの倍音声明が良くないわけがありません。参加者全員大満足のうちに終了し、目的地ローマンタンへ向かいました。

出発から丸五日かけて数十年来の憧れの地、ローマンタンに無事到着しました。このローマンタンは、ヒマラヤ聖者のエミール師やパドマ・サンバヴァの足跡《そくせき》が明らかにある地だと確信しました。

ヒマラヤ聖者の活動範囲はラダックから北インドの四大聖地、ムスタンとチベットにかけての一帯

一口にヒマラヤといっても、かなり広大な地域です。ここまで、私が紹介した場所以外にもたくさんあります。その広大な地域にヒマラヤ聖者と呼べる修行者が、古今点在していました。

ベアード・スポールディング氏の本に出てくるヒマラヤの村は、私の推理ではヒマラヤの西ラダックから、北インドの四大聖地（ガンゴットリー、ヤムノットリー、ケダル

ナート、バドリナート）と、ムスタン（旧王国）、チベットにかけての一帯だろうと思います。

本に登場したヒマラヤの村は、タシ・ルンポ僧院やハルドワール、ムクティナート、インドの辺鄙《へんぴ》な小村ポタールなどのはっきりと確認できる名もいくつか出てきていましたので、前述の一帯だと思います。ことに「ハルドワール」と「ムクティナート」は当時と現在で名前が変わったということはないと思います。

ヒマラヤ聖者の活動範囲はチベットから、ブータン、ネパールなど広範囲に及ぶのですが、エミール師など数人の聖者が主に活動拠点としているのは、この地名から考えても北インドからネパール地方だと思われます。

私が一三年間ヒマラヤ修行をしたゴームクも、多くのヒマラヤ聖者の残留想念がありました。一〇〇〇年前のヒマラヤ聖者がゴームクで修行していたときの残留想念に触れることで、私はいくつかのヨーガ秘法を体得できました。

旧ムスタン王国の首都ローマンタン。標高約三八〇〇メートル

ローマンタンにはヒマラヤ聖者エミール師やパドマ・サンバヴァの足跡がある

キリスト、仏陀、ミラレパ聖者、エミール師が実践していたルンゴム（空中歩行）のテクニック

ルンゴムは一日に一六〇キロ先までたどり着くテクニックですが、空中歩行という日本語訳でも判るように、「空中を歩く」または「空中を歩くように見える」テクニックです。そのためには、基本的に身軽である必要があります。

ヨーガの呼吸法に、身体を軽くする方法があり、それが次の④です。

①プラーナ・ヴァーユ（鼻頭または喉から心臓まで）
呼吸で体内に取り入れられ、肉体に活動エネルギーを与える。
②サマーナ・ヴァーユ（心臓から臍まで）
消化機能を主につかさどり、身体から火焔を発することができる。
③アパーナ・ヴァーユ（臍から足先まで）

身体の汚れを取り、排泄作用や下肢の動きをつかさどる。

④ウダーナ・ヴァーユ（鼻頭または喉から頭まで）

発声の作用や上昇の働きがあり、体を軽くし、空中浮揚が可能になる。また生命を引き上げて死を招く働きもあるので、意のままに死ぬことができる。

⑤ヴィヤーナ・ヴァーユ（全身）

知覚神経や血液の循環作用をつかさどり、各プラーナを全身に行き渡らせる働きをする。

こういう記述を見て、簡単にできるようには書いてないのが、ヨーガ秘法です。これは、それまでにヨーガに熟達していることで、記述された内容をつかめるのです。一三年間のヒマラヤ修行で、私が得たテクニックに照らし合わせると、ルンゴムを理解できるのです。

そのルンゴムのテクニックの一部は、後述（151頁）してありますが、それは長距離を移動する方法です。ルンゴムには、もう一つのテクニックがあります。それは、キリスト、仏陀、ミラレパ聖者、エミール師などが実践していた「空中歩行」です。橋の架かっていない大河を、村人を伴って渡ったエミール師は、ルンゴムの達人です。

エミール師や私は、ヒマラヤの氷河の上を歩くことから、自然にルンゴムを体得できたのです。氷河の上に堆積している石を普通に歩くように踏むと、それが浮き石だと転んでしまいます。氷河の上で転ぶということは、クレバスに嵌る可能性があるのです。ヒマラヤで生活していて、安易にクレバスに嵌るような行動を取っていると、命がいくつあっても足りません。

そこで浮き石に足が触れた瞬間、体重をかけないでもう片方の足を一歩先に進めるのです。浮き石に触れている足は、ほぼ「空中を歩く」ことになります。その身軽さの延長線上に、歩いて河を渡るテクニックがあるのです。実際に氷河の上を何度も歩く経験をすると、必要に迫られて身軽になります。

エミール師の起こす数々の奇跡も、すべて必要性があるからこそ起こせるのです。「超能力者になりたい」とか、「空中浮揚をしてみたい」という気持ちでは、残念ながら得られないテクニックです。

氷河で瞑想するためのツンモ（体温コントロール）のテクニック

ツンモという体温をコントロールするテクニックも、ヒマラヤでの修行で私は身につけました。ガンジス河源流のゴームクで、氷の上に坐って瞑想すると周囲の氷が溶け出して、私の坐っている部分だけが温室のようになる。たとえ氷点下の環境でも、快適な瞑想ができるのです。

北インドのラダックで毎年ツンモ大会というのが開催されていて、私もその映像を見たことがあります。

それは、裸で濡れた布を身体にまとって乾かす速さを競う、というものでした。ヨーガの達人と紹介されている何人もの裸の人たちが、顔を真っ赤にして、ひたすら濡れた布を乾かそうとしていました。それを、ヨーガの高度な修行のように紹介していましたが、見ていて恥ずかしくなるぐらい、レベルの低いものでした。ヨーガの能力にはそういう誤解がつきまとうのは仕方ないことです。

少しでも、そういう誤解を解くのが、エミール師や私の役割なのでしょう。

力んで体温を上げて、濡れた布を乾かすということは、呼吸も乱れるし、興奮状態になるしで、深い瞑想状態を作ることの正反対の行為です。体温が上がって、雪の上で瞑想すれば、寒さは倍加してしまいます。

正しいツンモでは、むしろ体温は少し下がり気味になります。力みをなくして、リラックスしたうえで、雪上での瞑想を実践するのです。瞑想している周囲の気温が、外気温より少し暖かくなり、そこだけ温室のようになるのです。瞑想能力が高いと、外気温がどれだけ低くても、快適な瞑想環境を作れるのです。それが正しいツンモです。

そのテクニックのヒントになるのが、前述（62頁）の②のサマーナ・ヴァーユです。「消化機能を主につかさどり、身体から火焔を発することができる」とあるのは、力んで熱を出すのではなく、身体の芯から「生命力」という炎を生じさせるのです。

ヒマラヤではクレバスが多いのでルンゴムを使わざるを得ない。ルンゴムはどうしても対岸に渡らなければならないという必要性があって初めてできる

雪や氷に覆われるヒマラヤで修行する行者には、ツンモという体温を自在に調節するテクニックが必要だ

肉体の波動を火事の波動よりも高める

また、ツンモのテクニックの延長線上に、エミール師の「燃え盛る火の海を平然と歩いて突破する」というのがあります。『[実践版]ヒマラヤ聖者への道』第一巻163頁からの抜粋を以下に紹介します。

今回通ってきた土地には鬱蒼《うっそう》と茂った森林が多く、地表は乾いた厚い草でビッシリと覆われていました。この辺の土地は他とは違って、雨のない土地柄のようでした。と思っていたところへ、5、6か所の草に突然落雷し、火が燃えつき、あっと思う間もなく、私たちはいつの間にか火に取り囲まれてしまいました。

そのうえ、火煙が濛々《もうもう》と下にこもり、私は完全に狼狽《ろうばい》し、恐怖に襲われました。エミール師とジャストはというと、冷静に落ち着き払っているので、ようやく私もいくらか安心しました。

「回避する方法は二つあります。一つは次の小川まで行き着くこと。そこには、水が流れています。約5マイル（約9キロ）先の渓谷《けいこく》まで辿り着ければ、火が燃え果てるまで安全でいられます。もう一つは、もしあなたが私たちを完全に信頼できるなら、私たちと一緒にこの火を切り抜けることです」

この言葉で、恐怖はたちまち雲散《うんさん》霧消《むしょう》しました。この二人は、どんな緊急な事態においても、常に誠実な伴侶だったからです。私はいわば、彼らの保護に自分自身を完全に託して二人の間に進み出ました。

こうして三人一緒にどんどん前進しました。どうやらその方向が、一番火が盛んに燃えている場所らしいのです。ところが、どうでしょう。私たちの前にアーチが開かれたかのように、私たちは、煙や熱や足下に散らばる燃え殻《がら》に煩《わずら》わされることなく、火中を真直ぐに進んで行きました。火災区域は少なくとも6マイル（10キロ）はありましたが、まるで燃え盛る火など存在しないかのごとくに平然と歩いて突破し、一筋の小川を越えて、ようやくこの平原の火事から脱出したのです。

この火炎の中を通り抜けながら、エミール師は私にこう語りました。

「神のより高き法則が真に必要になったとき、低次元の法則を神の高次元の法則に置き換えることが、どんなにたやすいことであるか、これでお判りになったでしょう。

私たちは今、肉体の波動を火事の波動よりも高めているのです。したがって、火事も私たちを害することはできません。(以下略)

ここで、「低次元の法則を神の高次元の法則に置き換える」「肉体の波動を高める」というキーワードが出てきましたが、それを理解するヒントは、後述(第四章)しますので参考にしてください。

火事に遭遇したときに、エミール師はそれを回避するために奇跡的能力を使いました。ルンゴムもツンモも、必要性があることが大前提です。私はそういう能力を使う必要性のあるゴームクで修行を積み重ねたのです。

ゴームクは北インドの四大聖地の一つであるガンゴットリーからガンジス河を一八キロさかのぼった地点です。そこがガンジス河のスタートポイントで、そのゴームクには氷河と岩と河以外に何もありません。そのゴームクに行くルートの入り口にハルドワール（＝ハリドワール）があります。

旧ムスタン王国の首都、ローマンタンでもパドマ・サンババヴァとエミール師の足跡を確認できました。そのローマンタンへのルートの入り口には「ムクティナート」が存在しています。

そういう場所でのヨーガ修行は、自分自身と対峙することのみに専念できます。それによって、通常の意識より、何十倍、何百倍も繊細に自分を観察できるようになるのです。その繊細な観察力は、加速度的に「微細」な世界へ突入するのです。自分を構成している細胞を認識することから、分子、原子、素粒子という具合に、一個の人間の構成要素を、極限まで「微細」に把握できるようになるのです。

エミール師の起こす数々の奇跡には、微細な観察力が不可欠です。どの程度微細な観察力が必要なのかは、次章の中で説明する、「時間と空間を超越する空中浮揚」を参考にしてください。

第二章

時間と空間を超越する空中浮揚

空中浮揚の能力は透視能力、テレパシー、心霊治癒能力よりも繊細で難しい能力

エミール師やヒマラヤ聖者の方々は、数々の奇跡を起こすことが可能ですが、その中に空中浮揚、空中歩行、水上歩行といった肉体を宙に浮かせるテクニックがあります。

私が空中浮揚を最初に知ったのは、ロブサン・ランパというチベットの僧侶が書いた、昭和三二年発行の「秘境チベットに生まれて」と副題をつけられた『第三の眼』(光文社)でした。第三の眼とは、仏像や神像の眉間《みけん》に描かれている、いわゆる霊眼のことです。ヨーガでいうアージュニャー・チャクラという霊的エネルギーセンターにあたります。

ロブサン・ランパという僧侶は、頭蓋骨の眉間にあたる部分を削り、物理的に穴を開けて、第三の眼の開眼《かいげん》をしたということです。ロブサン・ランパが眉間に穴を開けた後、僧院長は次のようなアドバイスをしています。

「お前はいまこの力、ふつうの人たちにはあたえられていない力を身につけている。それを善のためだけに用いるのだぞ。けっして利己のために用いてはならん。千里眼によって何を見ても、もしそれが他人を傷つけ、または他人の人生の道を左右するような恐れがあったら、ぜったい口外してはいけない。人の人生行路を変えるようなことは決していってはいけない」

この部分は大事であり、私もこの考えには同感です。

他人の将来のことについて、「このままだと、あなたは不幸になる」と言って入信を勧める新興宗教や、霊感商法などの話を聞くと、絶対に他人の将来をとやかくいうべきではないと思います。

占いで安心させたり、希望を持たせるようなことを言うのはまだしも、不安を抱かせたり、恐怖心を起こさせるようなことを言うのは絶対に避けるべきです。透視能力や予知能力、心霊治療能力などが身についた場合も、やたらにその能力を使うのは避けるべきです。

その能力を利用して人を集めたり、新興宗教を起こしたりするのは、せっかく身についた能力の無駄遣いです。――というのは、その能力を自分の内面に向けることで、さらに霊性を高められるのに、それをやたらに他人に対して使えば、自分の霊性を逆に低くしてしまうことになるからです。極力使わないようにしていても、どうしても使わざるをえないことになるのは仕方ないとしても、必然性もないのに、身についた能力を使うべきではないです。

そういう能力がついても、それに惑わされずに、さらに霊性を高める修行をし続けると空中浮揚の能力が身につくのです。

空中浮揚の能力は、透視能力、テレパシー、予知能力、心霊治療能力、スプーン曲げなどの能力より繊細で難しい能力なので、空中浮揚の能力があれば当然その他の能力は身についてしまいます。

さて、この『第三の眼』を読んでいたころの私は自分勝手に体を捻ったり、倒したりしていました。一九七五年ごろから私もヨーガ関係の人と知り合うようになり、ヨーガや精神世界の本を少しずつ読むようになったのです。『ヨガ行者の一生』（関書院新社）、『ヒマラヤ聖者の生活探求』、『解脱の真理』（霞ヶ関書房）などといった本に頻繁に空中浮揚や空中歩行の話が出てくるのです。

そういった、いくつかの本の中で私がヨーガを実践する上で役立ったのは、日本語訳のヨーガ経典です。私がそれまで体験してきたことや、手探りで見つけ出してきたことが、経典にはしっかりと書いてあったのです。私はそれを見たときに、経典の凄さに驚くとともに、宝の山を探し当てたという思いがしました。

経典には、ヨーガの修行に熟達すると「あらゆるシッディ（超能力）を得る」と書いてあります。あらゆるシッディとは、現代的にいえば予知能力、透視能力、念力などのことで、あらゆるシッディを得た結果、「空中に浮いたり、空中を歩いたりという能力が得られる」と書かれていたのです。

南インドのプーナでハタ・ヨーガで世界的に有名なB・K・S・アイアンガー師に会う

一九七七年に初めてインドの首都デリーから、バスで北へ七時間くらいのところにあるリシケーシュという町に行き本場のヨーガに触れました。シヴァーナンダ・アーシュラムというヨーガ道場で、その当時指導をしていたスワミ・クリシュナ師からハタ・ヨーガの手ほどきを受けました。

リシケーシュでは、岩穴に一〇年くらい生活しているヨーガ行者に会って話を聞いたり、太陽に向かって何時間も瞑想をしているヨーガ行者に出会ったりしました。それぞれ自分に合った方法で「解脱《げだつ》」を目標に修行していました。聖地リシケーシュという《場》と、そこで修行している行者たちのエネルギーが溶け合い、いたるところ自然のヨーガ道場といった感じでした。

リシケーシュから南インドに向かおうとした翌日に、世界中の支部を回っている会長

リシケーシュの対岸は聖地巡礼のコースになっている（写真上）。土産物屋が立ち並び、ヨーガ道場が混在している（写真下）。

のチダーナンダ師が帰ってきて、会いました。チダーナンダ師とは初対面だけれど、なぜか初めて会ったという気がしなかったのです。その理由の一つは、チダーナンダ師の顔と雰囲気が、とっても私の祖父に似ていたからです。

私は、今でも亡くなった祖父を尊敬しています。――というか、私にとってただ一人、グル（導師）と思えるのが、一市民だった祖父です。祖父についての詳しいことは『［実践版］ヒマラヤ聖者への道Ⅲ』（ヒカルランド）の前書きで紹介しているので、ここでは省きます。

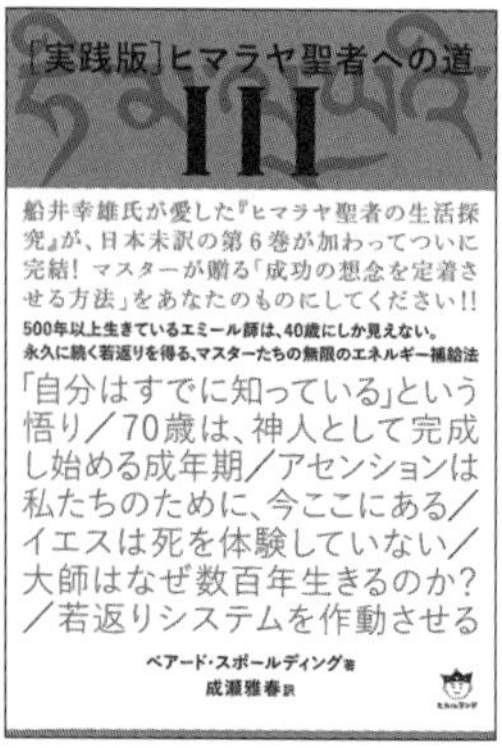
［実践版］ヒマラヤ聖者への道
III
船井幸雄氏が愛した『ヒマラヤ聖者の生活探究』が、日本未訳の第6巻が加わってついに完結！ マスターが贈る「成功の想念を定着させる方法」をあなたのものにしてください!!
500年以上生きているエミール師は、40歳にしか見えない。
永久に続く若返りを得る、マスターたちの無限のエネルギー補給法
「自分はすでに知っている」という悟り／70歳は、神人として完成し始める成年期／アセンションは私たちのために、今ここにある／イエスは死を体験していない／大師はなぜ数百年生きるのか？／若返りシステムを作動させる
ベアード・スポールディング著
成瀬雅春訳

ハタ・ヨーガで世界的に有名なB・K・Sアイアンガー師

そして南インドではプーナでハタ・ヨーガで世界的に有名なB・K・S・アイアンガー師に会いました。幸運にもその日は、ヨーガの映画を撮影するというので、午後三時ごろから九時ごろまで、その様子を見ることが

できたのです。その間、アイアンガー師はいろいろなポーズを見せて、本にも載せてないような妙技まで披露してくれました。私もヨーガの高度なポーズを実践し、内容の濃い時間を共有しました。その六時間が私にとってはとても貴重な体験となったのです。

ジャンプが空中浮揚だと思ってしまう人は、繊細な観察能力が欠如している

インドから帰国してしばらくしたころ、たまたま見たテレビ番組に、クンダリニー行法をしているヨーガ行者が映し出されました。しかも場所は、あの懐かしいリシケーシュにあるヨーガ道場です。

パドマ・アーサナ（蓮華坐）を組んで、坐ったまま一〇センチぐらいの高さにピョンピョンと跳びはねる行法が、テレビに映し出されていて、これが空中浮揚であるとテレビでは解説していました。

しかし、これは床に尻を打ちつけることで尾骶骨周辺に刺激を与え、ムーラーダー

ラ・チャクラと呼ばれる、宇宙の根源的な力（シャクティ）の眠っているエネルギーセンターを目覚めさせようとする行法なのです。この行法を完成させると、プラーナ（宇宙に満ちている根源的生命エネルギー）を、自由に操作できるようになるといわれています。

私はヨーガ経典に出会って、空中浮揚を完成させるためのヒントがいっぱい書かれてあるのを見たときから、実際の修行方法について考えるようになったのです。そしてその当時、インド旅行で得たヨーガのテクニックと経典の記述から、私なりに空中浮揚完成の条件を四つ考え出していました。

①パドマ・アーサナ（蓮華坐）で坐り、ジャンプして着地の練習をする。
②呼吸法で体内に大きなエネルギーを起こす。
③ウダーナ・ヴァーユ（死と上昇をつかさどるエネルギー）を完全にコントロールする。
④意識を極限まで拡大する。

この私が考え出した条件のうち、①が、動きを見る限りテレビに映し出されたクンダリニー・ヨーガの行法と一致するのですが、そのテレビの映像は私の見るところでは空中浮揚とは思えなかったのです。

なぜなら、②〜④が全然感じられなかったからです。

それまで、ジャンプして尻を床に打ちつけるクンダリニー行法があるのは知っていたのですが、自分で試してみたことはなかったのです。しかし、このテレビの映像がきっかけで、空中浮揚の足掛かりになると思われるクンダリニー行法を、私も実践してみることにしました。

私の場合、クンダリニー行法としてのジャンプで三〇センチ以上の高さを得られたのですが、普通の人の場合はかなり危険です。

人間が生きていくのに必要なエネルギーを超えた強いエネルギーが、肉体内を通り抜けると、内臓の一部を損ねたり、精神障害が起きたりする可能性があります。その、強いエネルギーが肉体内を通り抜けても大丈夫なような訓練を積んでおく必要があり、そのためには、ハタ・ヨーガに熟達しておかねばならないのです。

納得のいかないことやはっきりとしないことは、とにかく自分自身の肉体を通して徹底的に検証するのが、私の基本姿勢です。ジャンプが空中浮揚だと思ってしまう人は、繊細な観察能力が欠如しています。ジャンプは、あくまでもジャンプで、空中浮揚とはまったく違うものです。

《場》を作る大切さ

チベットには、空中浮揚とルンゴム（空中歩行）の練習をするために作り上げられた《場》があるといいます。そこは、チベットの一般人には絶対に知られることのない、外部から護られた場所にあり、何百年もの間、ルンゴムの練習のためだけに使われ続けているということです。

おそらく何百人という行者たちが、「深い瞑想状態で走る」というルンゴムの練習をひたすら続けてきたその《場》は、その他のためにはまったく使われることなく、一つの目的のためだけに練り上げられてきたのでしょう。

場を作る方法の一つとして、私が五反田の教室を開設したときに、まずインドの神様絵を飾りました。シヴァ神はヨーガの開祖といわれていることもあり、私の教室の正面にはシヴァ神の絵を飾っています。それ以来、ヒマラヤでヨーガ修行をするときにも、シヴァ神の絵を飾って祭壇を作るようにしています。

またインドのサンダルウッド（白檀）というお香を焚いています。場を浄化するとともに人々の精神を安定させ霊的進化を促すのに役立ちます。

また、教室中央にほんの申しわけ程度の祭壇があり、そこにはご本尊の神仏ではなく、金製のオームの文字を飾っています。《宇宙のすべて》を祭壇に飾ってしまうのだから、これ以上のご本尊はないのではないでしょうか。

インドの一般的な挨拶は「ナマステ」とか「ナマスカール」ですが、聖地のアーシュラム（修行道場）やヒマラヤでは「ハリオーム」という挨拶を使っています。

「ハリ」は救助者という意味で、ヒンドゥー教三大神のうちヴィシュヌ神の別名であり、これに最高のマントラ「オーム」を合わせた「ハリオーム」は、最も神聖な挨拶であるといえます。私の教室では、この「ハリオーム」を挨拶にしています。

私の教室は、純粋にヨーガ修行のための《場》として、できる限り最良の状態を保ちたいので、伝統的なヨーガをなるべく、そのまま指導するように心がけています。

イギリスの霊媒が行っていた空中浮揚

世界各国の神話や伝説には、必ずといっていいほど人間が宙に浮いたり、空を飛んだりする話があります。また仏陀やキリストの話の中にも、水上を歩いたり、宙に浮いた話などが必ず出てきます。仏陀やキリストの話は昔のことであり「信憑性がない」の一言で片づけられてしまっても仕方のない面もあります。その意味では、エミール師の起こす数々の奇跡も、信じない人も多いと思います。

イギリス出身の霊媒、ダニエル・ダグラス・ホームが大勢の見ている前で、空中に浮き上がるのを一〇〇回以上も行ったとされているのは一九世紀のことです。中でも有名なのが、三階の窓から外へ浮かび出て、隣の部屋の窓から入ったという話です。しかし、目撃者の証言にも不正確な部分が多く、批判する者もいるようなので、なんとも判断できないです。

それに比べ、証拠写真の残っている話のほうが具体的です。イギリスの霊媒で、コリン・エヴァンズという人が、一九三八年に人々の見ている前で空中に浮かび、それを撮影した写真が残っているのです。それは立ったまま浮いたところの写真なので、ジャンプしたという可能性も考えられます。

また、マハーリシ・マヘッシ・ヨーギが提唱したTM（トランセンデンタル・メディテーション）は、誰でも簡単に宙に浮くことができる、ということで世界的にたくさんの信者がいます。

マスコミにも取り上げられて、TMの人がテレビで「毎日たくさんの会員が浮いています」と言い、女性がニコニコしながら宙に浮いているような写真や、数人が手をつないで一緒に浮いている写真などを見せていました。

TMに入会してその空中浮揚をしていたという何人かの人の話によると、ベッドのよ

19世紀のイギリスの霊媒、ダニエル・ダグラス・ホーム

立ったまま空中に浮かんだコリン・エヴァンズ。1938年

マハーリシ・マヘッシ・ヨーギ

うなフカフカのマットの上で、ピョンピョンと跳びはねるそうです。それなら確かに誰にでもできるけれど、それが空中浮揚ではないのは当然のことです。

ＴＭではその後、空中浮揚の世界大会というのを開催しました。例のマットの上でジャンプをして何十センチぐらいジャンプできるかという競技であり、テレビのニュースで報道されたので私も見ました。しかしそれは、どう見ても空中浮揚には見えなかったです。

空中浮揚の五つの方法

単に空中に浮くといっても、いくつかの違いがあります。そこで、空中浮揚の方法、つまりどうやって身体を空中に浮かせるか、について考えてみましょう。過去の例をみると、次の五種類が考えられます。

①能力者が自分の修行として浮揚する

②能力者が人の力を借りて浮揚する
③能力者が人に力を貸して浮揚させる
④催眠術を使って浮揚させる
⑤不可抗力で浮揚してしまう

この五種類を具体的に説明すると――

例1　能力者が自分の修行として浮揚する場合

厳しい修練を積んで自己を磨き上げていく過程で、空中浮揚の能力が身につくのだけれど、自分の内部から生じるエネルギーだけで浮揚できるのではないです。**「宇宙の根源的エネルギー」の一部を、自分の肉体を通し引き出して使うのです。釈迦、キリスト、ミラレパといった聖者たちは皆この方法を使っています。**

その方法は具体的にはヨーガのアーサナ〈ポーズ〉とプラーナーヤーマ〈呼吸法〉と瞑想法で、中でも呼吸法が重要な部分を占めています。

例2　能力者が人の力を借りて浮揚する場合

この場合も、浮揚する人はやはり厳しい修練を積んで肉体的にも、精神的にも相当浄化されている必要があります。そして、同じ修練を積んでいる行者か、その能力者の信者のどちらかが周りを取り囲んで、想念の波動を合わせるようにします。

じゅうぶんに時間をかけて全員の想念の波動を能力者に同調させ、その場のエネルギーが最高潮に達したときに空中浮揚の現象が起きるのです。日本の密教行者がこれをやるのを、以前テレビで放映したことがあります。

同じような例がアフリカにあります。アフリカの呪術師が大勢の信者に囲まれた中で浮揚しているのを、イタリアのドキュメンタリー映画が撮影に成功しています。この場合も、信者たちの想念エネルギーをうまく利用しているケースといえるでしょう。

例3　能力者が人に力を貸して浮揚させる場合

インドのヨーガ行者の中には、相手の頭上に手を当てるだけでその人を浮き上がらせてしまう、という能力者がいるそうです。

また、ジュセッペ修道僧は自分が浮き上がるだけでなく、通行人を一緒に連れて飛んだり、一〇人がかりでも持てない重いものでも軽々と持ち上げて、別の場所へ移動させてしまうといいます。

『［実践版］ヒマラヤ聖者への道』には、水の上を歩いて河を渡る話が出てきます。

それも、聖者が一人で渡るのではなく、村人たちを連れて一度に五二人もが渡ってしまうのです。そしてその本の著者ベアード・スポールディング氏の一行も、一緒に渡れると言われたが、彼らには「水の上を歩けるはずがない」という常識が邪魔をして、一人も渡ろうとしなかったのです。

例4　催眠術を使って浮揚させる場合

催眠術をかけられると、鳥になって大空を飛んでいるような気がして、両手を羽のように動かしたりしても、それだけで実際に身体が浮き上がったりはしないです。

しかし催眠術もかけ方によっては、身体が浮き上がってしまうことも可能のようです。

ソ連の宇宙飛行士が催眠実験で空中に浮き上がっているところが、テレビのニュースで世界に紹介されたことがあります。

例5　不可抗力で浮揚してしまう場合

この四種類の例以外で空中に浮いてしまう場合がいくつかあります。イタリアの少女エステルちゃんや、アメリカのジョニー・ハーディ少年などの例がそれです。

一九四八年六月にイタリアの少女エステルちゃんが、ボールを取りに入った家で、いきなり猛犬に吠えられ、追い詰められてしまったときのこと。その瞬間、エステルちゃんはフワリと一メートル以上も空中に浮き上がってしまった。まるで上から誰かに持ち上げられているように。そして少女が急に浮き上がったのを見た猛犬は驚いて逃げて、エステルちゃんは難を逃れた、ということです。

もう一つの例は、一九六四年四月にアメリカのジョニー・ハーディという少年が、雪解けで増水したオハイオ川を見に行ったときのことです。

数人の子供が木の塀をイカダにして乗って遊んでいた。彼らがジョニー君を呼んだとき、突然ジョニー君は水の上を走り出し、なんとそのまま子供たちのところまで着いてしまった。驚いた子供たちが「どうして水の上なんか走れたの」と聞くと、「新しいよそ行きの服なので、濡らしたり汚したりするとママがひどく怒るから、目をつむったまま夢中で走ってきたんだ」と答えたそうです。

猛犬に追い詰められて、あわやというときに空中に浮き上がってしまったり、服が濡れたらママに叱られると考えただけで、水の上を走ってしまうのは、まさに不可抗力としかいいようがないです。ただ、この場合の最大のポイントは、「邪念がまったくない」ということだと思います。

空中浮揚の方法としては、この五つのパターンが考えられますが、私の場合には、例1の「能力者が自分の修行として浮揚する場合」ということになります。

今のところ、他人を一緒に連れて浮揚したことはないです。都会で生活している限り、その必要性がないからです。エミール師などのヒマラヤ聖者のように必然性さえあれば、現在の私の能力でも他人を一緒に連れて浮揚できるのかもしれないです。

移動方法／浮揚したときにどう動くか

空中浮揚は、他にもいくつかの呼び方があります。たとえば「空中浮揚」「肉体浮揚」「空中歩行」「速行術」「空中浮遊」「水上歩行」「空中飛行」「空中遊行」「水中歩行」など、まだ他にもあると思うのですが、こんなに呼び方があるというのは、浮揚する現象がいろいろあって、それぞれ浮揚の方法が違うからです。

昔から人間が空中に浮いたという話は数多くあります。そこで、その話の中から浮揚したときにどう動くかという移動の方法を私なりに分類してみると、**①放物線移動**、**②垂直移動**、**③弧形移動**、**④不規則移動**、**⑤瞬間移動**、の五つが考えられます。

そこで、その五種類について少し説明します。

①放物線移動

空中浮揚、または肉体浮揚と呼ばれているものが、この移動方法です。空中浮揚も肉体浮揚も表現の違いだけで、内容的には同じものです。

この方法は主にインドとチベットのヨーガ行者によって行われています。インドのカルキラームというヨーガ行者が、この行法をやっているということです。私の空中浮揚も主にこのテクニックを使っています。また仏陀、キリスト、ミラレパ、エミール師といった聖者たちも、当然このテクニックを身につけていたと思われます。

②垂直移動

放物線移動と同じように、空中浮揚、または肉体浮揚と呼ばれているものが、この移動方法です。前述した日本の密教行者や、アフリカの呪術師の例がこれにあたります。この二つの例は、どちらも空中浮揚を目的としたものですが、もう一つ、前述したイタリアの少女エステルちゃんのケースもやはりこの垂直移動に入ります。

③孤形移動

空中歩行、空中飛行、速行術、水上歩行などがこの移動方法です。

仏陀とキリストの「奇跡の水上歩行」の話は有名ですが、チベットの偉大なヨーギー、ミラレパも同じように水上歩行の能力があります。この人たちの移動方法は、いずれもこの弧形移動であると思われます。**人間が修行によって身につけられる最高の能力**で、この能力者の多くは宗教家です。

たとえばバヴァリアの尼僧、聖テレサは、熱心にお祈りをしたあとで、宙に浮き、空中を歩いたと伝えられています。それを見た人の話によると、テレサはエクスタシー状態で、その間ずっと何か唱え続けていたということです。

チベットの偉大なヨーガ行者ミラレパ

またイタリアの修道僧ジュゼッペが、宙に浮き、空中を歩くのも多くの人が見ています。彼は、厳しい修行により心身を浄め、地上から離れたそうです。

水上歩行を行うのは、ほとんどが宗教家ですが、例外は前述したアメリカのジョニー・ハーディという少年です。ただ、この場合には宗教家の瞑想状態とは違うけれど、邪念がなく、無心な状態だったのが最大のポイントです。

④不規則移動

空中飛行、空中浮遊、空中遊行などが、この移動方法に含まれます。この移動方法の例は少ないけれど、有名なのはイギリスの霊能者、ダグラス・ダニエル・ホームです。彼は一八六八年に、多くの人が見ている前で空中に浮き、その浮いたまま窓から外に出て、別の窓から戻ってきたそうです。

⑤瞬間移動

この移動方法として考えられるのは、水中歩行と現代的なテレポーテーションがあります。水中歩行といっても、ただ水中を歩くのであれば誰にでもできてしまうので意味がないです。そうではなく、仏典に出てくる水中歩行の話が瞬間移動だと思われるのです。

それは《仏陀が水中を歩いて弟子たちのいる船に船底から現れ、水には少しも濡れず、しかも船底にはその跡形も残されていなかった》という話です。

移動方法	
空中浮揚	放物線・垂直
肉体浮揚	放物線・垂直
空中歩行	弧形・不規則
速行術	弧形
水上歩行	弧形
空中飛行	弧形・不規則
空中遊行	不規則
空中浮遊	不規則
水中歩行	瞬間

川岸にいた仏陀が弟子たちのいる船に「水中を歩いて」現れたとあるのですが、実は弟子たちは船の上にいたので、仏陀が水中を歩いている姿は見ていないです。川岸にい

た仏陀が次の瞬間には船にいたということでしょう。

その場合、もし仏陀が空中を飛んでいるところを誰かが見ていれば、たぶん水中から来たという判断はしなかったと思います。仏陀が空中を歩いたり飛んだりしているところを目撃していれば、「水中歩行」という表現は使わず、「空中歩行」とか「水上歩行」「空中飛行」といった表現になるはずです。

それが「水中歩行」という表現で現代まで語り伝えられているというのは、たぶん瞬間に船に来てしまったからだと思うのです。そう考えれば《水には少しも濡れず、しかも船底にはその跡形も残されていなかった》という表現も納得がいきます。

船から川岸にいる仏陀を見ていた弟子たちが、次の瞬間、同じ船の中にいる仏陀を見たときに、空を飛んだり水の上を歩いたりしなかったのだから、これはきっと水の中を歩いてきたのだろうと推理したのでしょう。

以上の五種類が、主に人間が空中に浮揚するときに考えられる移動方法です。

この空中浮揚と勘違いしやすいものに幽体離脱（体外離脱ともいう）があります。幽体離脱現象の場合、浮き上がったように感じても、肉体は浮き上がらないので、はっきりと区別する必要があります。

寝ていて肉体が浮き上がったという体験をする人が多いのですが、その中で①〜⑤のように実際に肉体が浮き上がるケースはめったにないです。希にはあるけれど、ほとんどは幽体離脱現象です。したがって私は、幽体離脱は空中浮揚とは考えないことにしています。

こういう分析は、通常の意識より、何十倍、何百倍も繊細に自分を観察するという私の姿勢から生じたものです。エミール師も、同じように繊細な観察力を有しているから、空中浮揚やいろいろな奇跡的能力を発揮できたのです。

「グルに巡り会えなければ、自分自身の中にグルを見出せ」

「ヨーガの修行をするには、グル（導師）が必ず必要だ」といわれています。しかし本当にチェラ（弟子）を悟りに導いてくれるだけの実力を持ったグルを探し出すのは容易ではないです。

たいていは本当のグルに巡り会えずに生涯を終えてしまう場合が多いので、ヨーガ経典にも**「グルに巡り会えなければ、自分自身の中にグルを見出せ」**と書いてあります。

私の場合も、今までに数十回インドへ行き、いろいろなヨーガ道場を訪ね、有名なグル（導師）やスヴァーミー（僧侶）に教えを受けたのですが、残念ながら本当に自分の生涯を託せるという人には会えなかったです。

私が体得した空中浮揚や心臓の鼓動を止めるテクニックや体温を自在にコントロールする方法などは、グルから教わったものではなく、自分で見つけ出したものです。

私が「地上一メートルを超える空中浮揚」に成功した最大の要因は、ヨーガ経典と出会ったからです。私がそれまで体験してきたことや、手探りで見つけ出してきたことが、経典にはしっかりと書いてあったのです。

経典にいくつも空中浮揚に関する記述があるのですが、どれも具体的なテクニックは書いていないです。たとえばマントラ（真言）を唱え続けると空中浮揚ができるとか、ムーラバンダ（肛門の引き締め）によって蓮華坐を組んだままで空中に浮くことができる。高度な呼吸法で空中に浮き上がる、というような表現がされています。

通常は、これを読んだだけで「空中浮揚の力を開発できる」という人はほとんどいませんが、私の場合にはこの一連の記述から空中浮揚を完成させることができたのです。

経典に書いてあるマントラを唱え続けたり、高度な呼吸法や、ムーラバンダなどは、紀元五～六世紀ごろのヨーガ行者が実践していたものです。**私は瞑想能力を駆使して、その時代の行者の意識に、自分自身の潜在意識、深層意識を同調させていくのです。そうすると空中浮揚をしていた、その時代のヨーガ行者が修行している様子が感じられ、また経典の編纂者がどういう修行を目撃した結果、空中浮揚や空中歩行ができるという記述をしたのかを、洞察することができるのです。**

そして経典から多くのヒントを得られたことが、私の空中浮揚の成功につながったのです。

空中浮揚練習／空気の膜のようなものにフワッと乗っかる

空中浮揚には、なるべくしっかりとバランスを保つ練習が大切です。練習を重ねていくうちに「明らかに浮いていると確認できる体験」がありました。

空中に浮揚した瞬間に、ちょうど風船の上にでも乗ったようなフワッという感じがあり、明らかに浮いているといえる状態になるのです。それはゴムボートに乗った感じとも似て、空気の膜のようなものがあり、そこにフワッと乗っかる感じです。もちろん、フワッと乗っかる感じがしたとたん、着地に向かってしまうのです。

それが最初は一〇回に一回から徐々に八回くらいにまでなり、その中で「二度浮き」という状態が一回か二回混じるようになったのです。この「二度浮き」というのは私の造語ですが、フワッと乗っかった感じがしたとたん着地に向かうのではなく、**いったん空気の膜に沈み込んで、その反動で浮いてからもう一度フワッと乗っかる感じがして、それから着地に向かうのです。**

この体験をしてから、がぜん私の中で空中浮揚が面白くなりだしたのです。うまくいったときと失敗したときとでは、少なくとも「落下」と「軟着陸」ぐらいの違いがあるのです。主に股関節《こかんせつ》とヒザでコントロールして、さらに微妙なコントロールは足首と足の指が大活躍します。浮揚中は一〇本の足の指がピアニストの手のように複雑な動き方をするのです。

そして「二度浮き」の練習を重ねるうちに、浮く現象が起きる状態がつかめてきました。それは空気の膜を破らないように乗ると二度浮くことになる、ということです。空気の膜を破らないためには、水平のバランスがパーフェクトな状態で乗らなければならない。ちょうどシャボン玉が石鹸液の膜に当たってもう一度浮き上がるようなものです。

そのバランス感覚は、私の場合にはヨーガ修行によって養われました。

私のヨーガの練習法は、徹底的に自分の状態を観察することです。たとえば筋肉のゆるみや張りの具合、呼吸の状態、力の入り具合、感情の動き、意識の状態などを細かに観察するのです。

本当に「二度浮き」を完成させるためには「意識の状態の観察」を限りなく深める必

要があります。意識の状態とは顕在意識の観察です。「意識の状態の観察」を限りなく深めていくと「潜在意識」をも観察できるようになるのです。

「純粋な意識状態」で空気の膜に乗る

さて「二度浮き」という言葉からはトランポリンの上で跳ねるようなイメージが浮かんでくるかもしれないですが、それとは少し違って、でこぼこ道を走る車を想像してもらったほうが近いです。タイヤは大きく上下するが車体は小刻みに揺れるという状態です。ショックアブソーバーが衝撃を吸収するように、空気の膜に乗っかる衝撃が吸収されるのでもう一度浮き上がると考えてください。

では何が衝撃を吸収するのかというと、「純粋な意識状態」だ

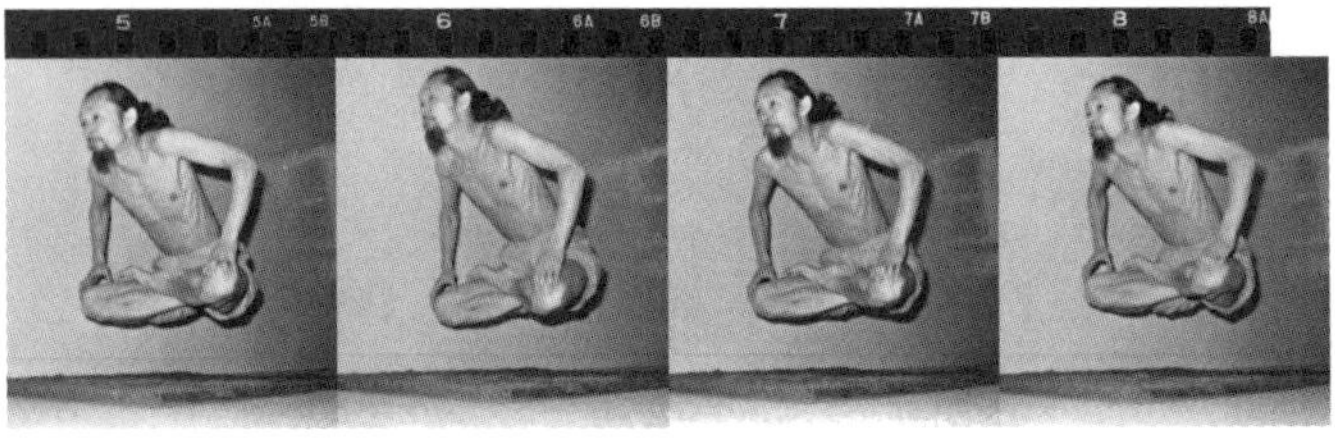

といえます。意識状態にほんの少しでも乱れが生じると、衝撃を吸収する装置が働かなくなってしまうのです。

この「二度浮き」は相当練習して「三度浮き」や「四度浮き」ができるようになってきました。つまり、バランスの能力が高まるにつれて、水平のバランスがパーフェクトな状態で空気の膜に乗ることができるようになったのです。

そして撮れたのが、おそらく世界初だと思える八枚連続の空中浮揚写真（下記写真参照）でした。

この写真を自分で見たときに、やはり「心の奥底からの声」に従ってよかったと思いました。なぜなら、四〇センチくらいの高さの空中浮揚写真では、どうしてもジャンプした瞬間を撮ったと見られるからです。事実、ジャンプした瞬間を撮った写真を、空中浮揚であるとするケースが多いので仕方のないことです。

しかし八枚連続の写真となると、ジャンプした瞬間を撮ったと

は言えなくなります。ほんの少しの時間でも空中にとどまらないかぎり、どうがんばっても同じ高さの位置で連続の写真は撮れないはずだからです。

八枚連続の写真が撮れたのは、バランスの問題だけではないのですが、そのへんのことは後にまわすとして、まず浮揚中のバランスについて少し考察してみます。

浮揚中のバランスについて

デジカメやCGの技術が進歩した現在では、どんなに空中に浮いた写真や映像を捉えても、残念ながら説得力がありません。その点、ネガフィルムは絶対に否定しようがない証拠となります。

八枚の写真はフィルムのガイドナンバーの一から八までであり、カメラにセットして最初の一コマ目から八コマ目までであることが認められます。つまり何枚も撮っているうちに、偶然写ったものではなく、明らかに空中浮揚をしているところを、最初からフィルムに収めたものなのです。

そこで、各コマごとの状態を以下に説明します。

かなり、細かな説明になるので、「身体を極限までコントロールする」ことに興味のない方は、この部分を読み飛ばしてください。私やエミール師が奇跡的なことを実践するときには、必要不可欠なコントロールなので、ヒマラヤ聖者への道を一歩でも歩みだそうと思っている人は、逆にこの部分をじっくりと読む必要があります。

まず一コマ目は明らかに上昇中のものです。上体の傾斜角が鋭く、頭部の位置が他のコマと比べて低い。意識がかなり強く上方に向けられているのを感じてもらえるのではないでしょうか。

二コマ目は、上半身が伸び上がって意識体のポイントに引き寄せられている。この二コマ目から先の写真が、私のバランスを保つ練習のたまものなのです。世界的に空中浮揚写真といわれているものは、この二コマ目にあたる写真の撮影に成功していないです。

上半身が伸び上がって意識体のポイントに引き寄せられるためには、左手に少し力を

八枚連続写真のうちの一コマ目。上体の傾斜角が鋭い

二コマ目は上半身が伸び上がって、意識体のポイントに引き寄せられている

入れて左ヒザを下へ向けて押さえつける必要があるので、一コマ目の写真と比べてもらえると、二コマ目のほうは一コマ目よりは左のヒザが下がっていて水平に近くなっています。そして、そのぶん左手のヒジが一コマ目よりは低い位置にあって、そのバランスをきれいに取るために、二コマ目で右腕が垂直に近くなり、右肩が少し上がっています。

次の三コマ目になると、さらにバランスを保つために左ヒザが下がり、ほとんど左右対称になっていて、腰の位置が二コマ目より高くなっているような感じに見えるのが判るでしょう。

そして四コマ目になると、その腰の位置のまま、腰を軸として全身が上方に引き寄せられているために、二コマ目とほぼ同じ状態の写真なのに、二コマ目よりは全体的に少し高い位置に写っているのが認められます。つまり二コマ目から四コマ目にかけて、上半身と下半身でバランスを取りながら少しずつ上昇していくのです。

五コマ目から先は、ほとんど無意識にバランスを取り続けています。

五コマ目は四コマ目よりさらに腰の位置が高くなっている。この上昇は右ヒザを少し

三コマ目になると腰の位置が二コマ目より高くなっている

四コマ目は腰を軸として全身が上方に引き寄せられている

五コマ目から先はほとんど無意識にバランスを取り続けている

左ヒザの押さえつけを利用してさらに上昇している六コマ目。この瞬間は、時間、空間、肉体の働き、心の動きなど、すべてが停止した状態

下げることによるものなので、腕がほぼ元の位置にあるため手のひらとヒザの間に若干の空間が生じています。さらにこの左へのひねりを修整する動きが左手にあらわれていて、このまま左ヒザが上がってバランスが崩れるのを防ぐために、左手でヒザを押さえつけるようにしています。

この左ヒザの押さえつけを利用してさらに上昇しているのが六コマ目です。八枚連続の空中浮揚写真の中で、最も完成度の高いのがこの写真で、『サンデー毎日』(毎日新聞社)に見開き二ページのグラビアで掲載された写真です。

左ヒザを中心に上昇しているので、左にひねられていた上体が、また右に修整されてほぼ真っすぐになっていて、上方の意識の集約点に引き寄せられる動きも最も強く、頭がフィルムの上端すれすれまで来ています。**この瞬間は、時間、空間、肉体の働き、心の動きなど、すべてが停止した状態といえます。**

そして対照的に完成度としては若干低いのが、次の七コマ目です。連続写真のうちの一枚でなければ、たぶん私は公開していなかったでしょう。――といっても、それは私

七コマ目では、首を少し傾けることで意識のポイントがずれるのを防いでいる

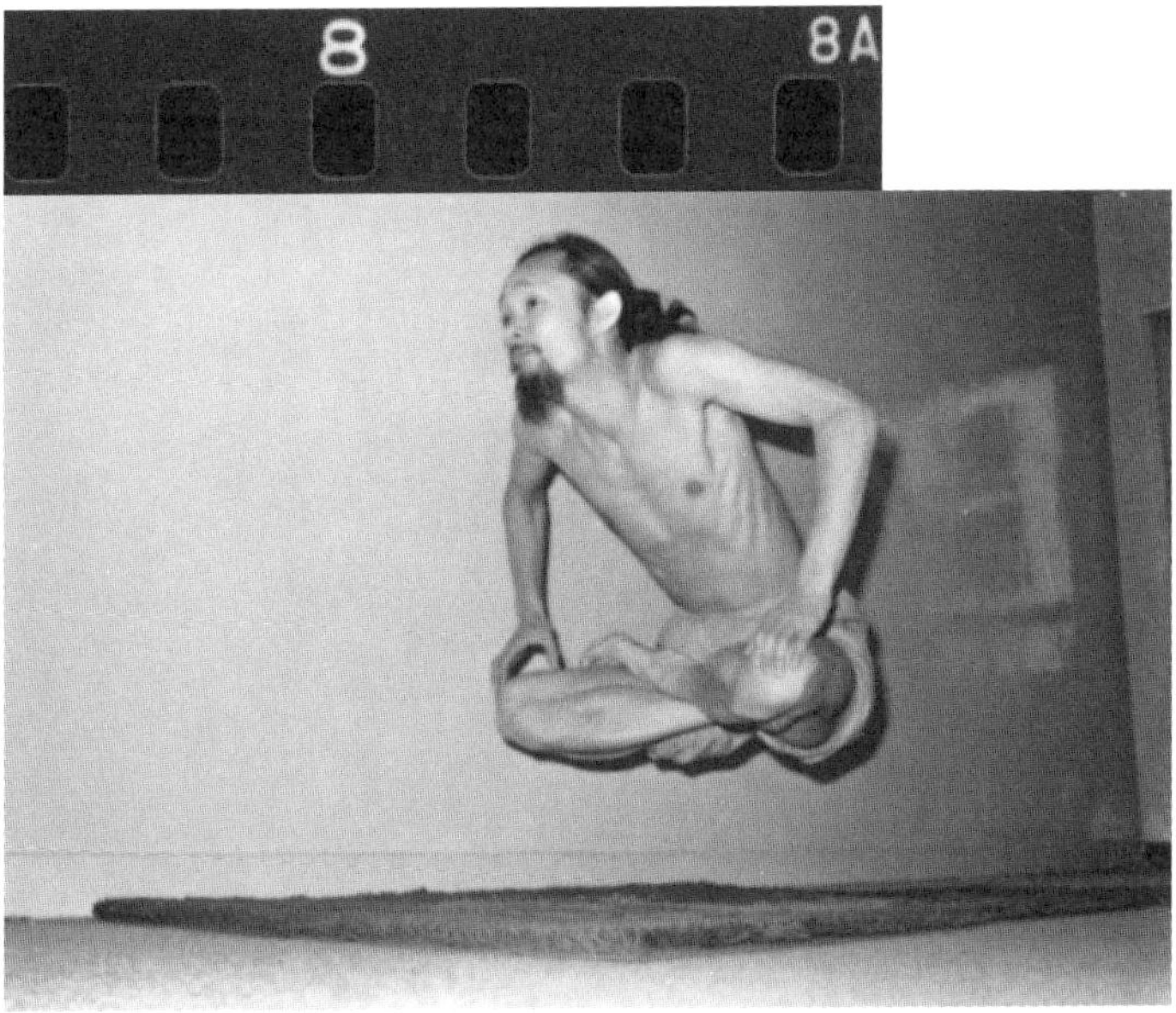

最後の八コマ目では、蓮華坐を組んでいる下半身が、八枚の写真の中では最も水平になっている

自身の内面的センスの問題であって、七コマ目の写真もジャンプやクンダリニー行法ではなく、本物の空中浮揚の一部であることに変わりはないです。私にとっては不満な部分でも、世界的に公開された空中浮揚写真の中では、レベルの高い部類に入ると思います。

この七コマ目の写真が、他のコマと最も違う点は、顔がほんの少し斜めになっていることです。空中浮揚の完成度を高めるには、自分の定めた意識の集約点に真っ正面からアプローチしなければならないのです。それがこのコマでは、着地へ向けてのバランスを取ることが中心になったために斜めになってしまったのです。

では、なぜ顔が斜めになったかというと、六コマ目のパーフェクトな状態は、そのままだと上体がもっと前方に流れて結局バランスを崩すことになるので、それを防ぐために腰を左にひねりながら少し引いたために顔も左を向くことになったのです。そこで、首を少し傾けることで意識のポイントがずれるのを防いでいます。

八コマ目では顔の位置と上体のひねりがだいぶ戻っていて、蓮華坐を組んでいる下半身が、八枚の写真の中では最も水平になっています。これは着地を最もよい条件下で行うために取っているバランスであり、高度なコントロール能力がなければ絶対にできないものです。これだけのバランスが取れていれば、着地はかなり安全にできることになります。

マスコミの反響／テレビ出演で空中浮揚の話をする

八枚連続の空中浮揚写真を一コマずつ詳細に解説したのですが、それをつなげた状態はちょうどヘリコプターが空中にとどまっているホバーリングに似ているといえるでしょう。機体が前後左右に細かく揺れながら、それでいて同じ場所にとどまっている姿は、私の浮揚中の状態と同じような気がします。

この繊細なコントロール能力と、それを解説する冷静な分析力が、エミール師の起こす数々の奇跡には必要なのです。

八枚連続の空中浮揚写真の撮影に成功したことで、週刊誌『サンデー毎日』の他、月刊誌『写楽』、『小学2年生』（ともに小学館）、あるいは『微笑』（祥伝社）といった女性誌まで広い分野の雑誌に取り上げられました。またテレビからの取材もあり、その中で熱心な依頼のあった、テレビ朝日の『こんにちは2時』という番組に出演し、写真を見ながら空中浮揚の話をしました。

そのテレビ朝日の担当者との話の中で、八枚連続の空中浮揚写真を見て、「壁に見える部分が実は床で、そこに蓮華坐を組んで横たわっているのを、上から撮ったのではないか?」という意見がありました。さすがテレビ関係者ならではの発想です。それならば、確かに八枚連続であろうが、何十枚連続であろうが関係なく撮れてしまうでしょう。

そこで、壁が床に見えないような状態のところで撮影できないものかと考えて撮影されたのが、次頁の写真です。私が空中浮揚している姿が鏡の中にも写り込んでいて、さらに右の壁にはそのシルエットもきれいに浮き出ています。

私の空中浮揚への反響が一段落した五年後に地上一メートルを超える「空中大浮揚」を成功させるきっかけとなったのが、作家の椎名誠氏です。

私の空中浮揚写真を見てインドに行ってしまった椎名誠氏と、新宿の「シアターアプ

八枚連続の空中浮揚写真の「壁が床であるというトリック」が考えられるというのを否定した写真。
右の壁にはシルエットも出ている

ル」で対談をすることになり椎名氏は、私の言った「インドには三メートル以上も空中に浮かぶことができる人がいる。私はせいぜい四〇センチです」という言葉がとても印象的だった、と語っていました。

その椎名氏の言葉がきっかけになり、私はふたたび空中浮揚に真剣に取り組むことになったのです。それは地上四〇センチの空中浮揚に成功してから、約二年半後のことです。それからさらに二年半後の一九八八年三月に、地上一メートルを超える空中浮揚に成功することになるのです。

ヨーガを実践し、瞑想する人が増えれば、理想郷シャンバラに近づける

当初の空中浮揚は、床から上四〇センチのあたりの空気の層に乗り、二度浮きをつかみました。その空気の層を探ってみると、四〇センチだけではなく、八〇センチのあたりと、一二〇センチのあたりにも、はっきりとした層があるのが判りました。それまでに身につけたテクニックに加え、一二〇センチの層にうまく乗れれば、おそらくかなり

凄い空中浮揚になるのではないかと考えました。

そして、空中浮揚中は肉体感覚が希薄になるのですが、地上四〇センチの空中浮揚のときには、少ししか感じられなかったのが、地上一メートルを超える空中浮揚に成功したときには、ほとんど完全に肉体感覚が消滅してしまったようになったのです。

しかし、これはテクニックを使ってそうしたのではないです。たぶん私の「シャンバラ」での経験や、八〇〇年前のインドでの経験などが関係しているのでしょう。

というのは、**シャンバラの住人は肉体が希薄なのです。つまり肉体と精神のバランスで、精神（＝意識）のほうが上回っていたのがシャンバラの住人です。そのため、シャンバラでは自在に壁をすり抜けたり、瞬間移動なども自由にできたのです。**

エミール師の起こす数々の奇跡は、シャンバラではごく普通のことだったのです。

精神面が上回っていると、戦争やケンカ、悪事ということが起きません。――なので、シャンバラが理想郷と思われていたのです。逆に肉体面が上回っていると、戦争やケンカ、悪事が絶えなくなるのです。現在の地球上の人類が、まさにその状態です。

ちなみに、現在の日本人の平均寿命が延びているのは、西洋医学の進歩によるもので、健康的に寿命が延びているのではありません。精神面が上回ると肉体面の寿命は健康的に延びます。肉体が上回ると寿命は縮みます。肉体面が希薄なシャンバラの住人は何百歳でも寿命を延ばせたのです。

少しでもヨーガを実践し、瞑想を身につける人が増えれば、理想郷シャンバラに近づけます。八〇〇年前のインドは、シャンバラほどではなくても、精神面が上回っていました。それは食事との関係もあります。シャンバラの住人はすべてベジタリアンです。それも、非常に小食であって、ほとんど食事をしないで生活している人も多いです。私の肉体が希薄になるのは、肉や魚を食べないことと小食なことに加え、ヨーガを長年実践していることなどが、要因だと思われます。

地上一メートルを超える空中浮揚に成功した時点で、はっきりと判ったのは、このテクニックをマスターすると、二メートルでも三メートルでも空中に浮揚することができるということです。ただし高さを出すにしたがって肉体はさらに希薄な状態になっていくのです。

ある日私の肉体が消えてしまった！
次元を超える？　肉体が消えてしまった写真

その地上一メートルを超える空中浮揚写真の撮影から一年五か月後に、壁を通り抜けてしまえるほど肉体が希薄になった写真が撮れたのです（次頁とカラー6頁参照）。

それまで私は、「空中浮揚をするときに、肉体が消滅してしまうような感覚がある」と言ってきたのですが、まさに肉体がほとんど消滅しかかっている写真は、ある意味では空中浮揚の写真よりも衝撃的な写真です。

その写真は、二メートルの空中浮揚を試したときに撮影した何枚かの一つです。二メートルの空中浮揚写真として、私が納得のいくものはなかったのですが、中に一枚だけ強烈な写真が撮れていたのが「肉体半消滅」の写真です。

その写真を見たとき、推理小説の謎を解いたときのように「やっぱり、そうか」という気がしました。シャンバラでの経験からいっても、意識の量が増えてくれば、当然肉

床面に近いほど肉体ははっきりとしていて、高くなるほど希薄になっている

体は希薄になるとは思っていましたが、確信できるというほどの体感はなかったのです。それがこの写真を見たことで、自分の内部（たぶん潜在意識部分）で納得できた、という思いがしました。

肉体が希薄になるという現象は、意識（＝精神性）の密度が濃くなるからだと考えられます。そのことを物理に当てはめてみると、参考になるでしょう。物質を圧縮していくと、どんな物体でも最終的には透明になる、という実験をしているテレビを見たことがあります。それは物質の密度が濃くなることだそうです。つまり物質を構成している分子が圧縮されることで、隙間がなくなると透明になるということです。

私の体内に意識が充満して、隙間がなくなることで、肉体が透明化に向かうのではないかと推測できます。

ところでこの写真は、蓮華坐を組んだ状態ではないので、そのあたりの説明をします。まず、地上二メートルから、蓮華坐を組んだままでコントロールしながら着地する、というのは、ほとんど不可能といえるほど至難の技なのです。この写真は、地上二メートルのところで蓮華坐をほどいてから、着地へ向かう途中のものなのです。

高くなるほど肉体が希薄になるのだから、逆に床面に近づくほど肉体は元の状態になるはずです。この写真はまさにその通りの状態が写し出されています。床面に近いほど私の肉体ははっきりとしていて、高くなるほど希薄です。

この「肉体半消滅」の写真が撮れたことで、二メートルの空中浮揚でも三メートルの空中浮揚でも、修行としてはやるだけの価値があるが、それを写真に撮ったりビデオで撮影したりする必要はないという結論に達しました。

本来、人に見せるために空中浮揚をやるのは問題なのだが、私の空中浮揚が写真に撮られてマスコミを通して知られるようになったのは、私に与えられた役割だと思っています。その役割は、一メートルの空中浮揚で果たされているので、それ以上高い空中浮揚を公開する必要はないと判断しました。

空中大浮揚／空間の薄い膜にフワリと乗り、髪の毛がハレー彗星の尾のようになる

そして半年を過ぎたあたりから徐々に、内部からエネルギーが湧き上がってきたので、今度は気楽な気持ちで空中浮揚の練習を再開しました。そしてその結果、違うパターンの空中浮揚写真の撮影に成功しました。

一九九〇年四月一九日に鏡の中に撮影者の桜井ひさみさんがはっきりと写った写真が初めて撮れました（カラー7頁上と128頁上参照）。これが空中浮揚の撮影状況がはっきりと判る初めての写真になったのです。爆発したエネルギーで、髪の毛がハレー彗星の尾のようになっていて、一本一本の髪の毛がピンと伸びているので、単に浮揚した勢いで起きた現象ではないと思います。

私自身が気楽に空中浮揚にトライすることができたので、上着を着たままでの写真が撮れたのです。

爆発したエネルギーで髪の毛がハレー彗星の尾のようになっている。一九九〇年四月一九日

空間の薄い膜にフワリと乗っかった空中浮揚。一九九〇年四月二六日

その一週間後の四月二六日に、本当に軽い気持ちで「やってみようか」ということになり、やはり上着を着たまま、本当にリラックスした状態でトライしたせいか、写真のほうは実にいい感じに撮れたのです（カラー7頁下と128頁下参照）。私の最後の空中浮揚にふさわしい記念すべき写真になりました。

このときは「空間の薄い膜にフワリと乗っかった」という表現がピッタリとくる浮揚でした。ちょうど空間の薄い膜に乗って、ほんの少し腰が沈み込んだところを捉えたのがこの写真です。やわらかな心地よいクッションの上に座っているような雰囲気がこの写真からも伝わってくると思います。

これで私の空中浮揚の写真撮影も、何一つ思い残すことはなくなり、本当にこれが最後の写真になったのです。

奇跡を起こせる人の条件とは？

さて、ここまでの説明を読んでも、「人間が空中に浮くことなんてできない」という人はいるでしょう。私は、そういう人がいて当然だと思うし、そういう人に、「私の空中浮揚は本物だ」と力説する気はありません。逆に、無理やり信じ込ませると、いろいろな弊害が生じます。エミール師の数々の奇跡でも、目の前で見せられても信じない人はいます。そういう人に対してエミール師が「信じなさい」と言ったことはないです。

信じさせようとするのは、霊能者、教祖、詐欺師などです。霊能者は「私には霊能力がある」と思わせることで、霊能者としての仕事が成立するのです。教祖は、信者の前で奇跡的な現象を起こして信じさせて、信者の数を増やすのです。詐欺師は、ありもしないウソを相手に信じ込ませる技術のエキスパートです。

エミール師も私も、霊能者、教祖、詐欺師のいずれでもありません。自分自身を磨き上げていくという「ヨーガ」を実践しているヨーガ行者なのです。**シッディ（超常的能力）はヨーガ行者が、ヨーガを実践していく過程で、ごく普通に身につく能力です。その意味では「超常的能力」ではなく「常的能力」です。**どんなに奇跡的に見える能力でも、ヨーガ行者が身につけているのは、通常の能力です。

ただし、通常の意識より、何十倍、何百倍も繊細に自分を観察することで得られるのです。その繊細な観察力は、ヨーガを実践していると加速度的に「微細」な世界を認識するようになります。自分を構成している細胞を認識することから、分子、原子、素粒子という具合に、一個の人間の構成要素を、極限まで「微細」に把握できるようになるのです。

それと、「空中浮揚は人間技とは思えない」という感想を抱く人もいるでしょう。それは、かなり鋭い指摘です。実は、私やエミール師の起こす数々の奇跡は、ある意味では人間技ではないのです。それは、どの視点で物事を捉えるかなのですが、少なくとも**「人間」の視点で物事を捉えていると、自在に奇跡を起こすことはできません。**

舟に乗って川下りをしている人には、数キロ下流の風景は見えません。その川下りをしている舟も、数キロ先の風景も同時に見えるのは、空中でそれを捉えているヘリコプターです。これが、視点を変えることの一つの譬えです。

一匹のアリを人間がつまみあげると、周囲にいるアリは、そのアリが一瞬にして消えたと思ってしまいます。それが視点を変えるということです。アリにとっては奇跡が起きたと見えるのですが、実際は奇跡でもなんでもなく、人間にとっては通常の能力を発揮したただけなのです。

私やエミール師は、視点を変えることができるので、人間の常識に囚われないのです。視点を変えるというのは、動物の視点、植物の視点、鉱物の視点、大気の視点、宇宙空間の視点などです。その方法は「瞑想」にあります。**瞑想能力が高くなると、自分が一人の人間であるという執着から離れられるのです。**それは、サマーディ（悟り）という言葉に置き換えてもいいです。

今の自分が「人間」でなくてもいい、牛であってもアリであっても、一滴の水であったとしても、平常心でいられるという強い精神状態を持ち合わせているのが、私やエミール師です。

牛の気持ちになれるから「肉牛」と名付けられる牛の怒りが判ります。私や皆様が「肉人間」と名付けられて、殺されるのを待つだけの人生を与えられたとしたら、どんな気持ちになるでしょうか？

「牛と人間は同じじゃない」と思うのは人間の典型的なエゴです。牛も生命体なら人間も生命体です。人間には知性があるというかもしれません。しかし、地球環境をおびただしく破壊し続ける人間より、牛のほうがはるかに知性的だと思いませんか？　人間が一番知能が発達していると考えるのは、人間の浅はかさの現れです。

人間よりはるかに知能の発達している生命体が、この宇宙には無数に存在していると断言できます。宇宙的尺度で測れば、人間の知能などは、三歳児にも劣ると思えます。もっと大人の知能を有していれば、戦争も起こさないだろうし、環境破壊も起こさないはずです。せめて、牛ぐらいの温厚さで節度をわきまえた知性が、人間にも欲しいものです。

牛の視点、アリの視点、植物の視点、鉱物の視点、大気の視点、宇宙的視点を持つことで、人間離れした奇跡を起こすことが可能になるのです。アリがずっとアリの視点に執着していると、人間につまみあげられたことを奇跡としか捉えられないのです。

奇跡を起こせる人にとっては、それは奇跡ではなく、通常の出来事なのです。

「視点を変える」「執着から離れる」というキーワードについて、次章以降でもう少し説明します。

第三章

シッディ（超常的能力）を解明する

瞑想能力の凄さと危うさ／ヨーガの瞑想能力があれば、国家を動かすぐらいは簡単なこと

残留想念をどの程度認識しているかということが、瞑想能力と大きく関係しています。スーパーコンピュータを自在に操れるレベルになると、検索ワードがあれば、一億個の中の一つのデータを簡単に取り出せます。

それは機械の話なので、瞑想能力はそれよりはるか膨大なデータ量から一つのデータを引き出せるのです。――といきなり言われても、なかなか信じられないでしょう。三〇人分の食事をいきなり目の前に出してしまうエミール師を実際に見ても、その現象を信じることが難しいのと同じです。

スーパーマンが力を誇示して、スーパーマン教を作ってしまえば、たくさんの信者が集まる新興宗教になってしまいます。しかしスーパーマンは、そういうことをせず、普段はしがないサラリーマンとして生活していて、必要なときだけスーパーマンになり、

人助けをするのです。もちろん、無償で。だからスーパーマンがヒーローと成り得るのです。

地上一メートルを超える空中浮揚が、私のヨーガ能力の一部としてありますが、それはおそらく現在私が持っている能力の一〇〇分の一程度のものです。物理的に表現できる力は、瞑想で認識できる力よりはるかに小さなものです。一〇〇分の一という表現は、大げさだと思うかもしれませんが、その逆です。

空中浮揚は、自分の肉体をコントロールする能力です。それより繊細で強力な能力は、細胞から分子、原子、素粒子という具合に可能な限り細かな物質をコントロールできる能力です。

たとえば、自分の肉体をコントロールする能力を高めれば、オリンピック選手にもなれるでしょうし、一流バレリーナにもなれる可能性があります。しかし体内に発生したガン細胞をコントロールするのは、それより難しいです。細胞をコントロールする能力が身につけば、いろいろな病気を回避することができます。

また、政情不安な国家でトップの数人をコントロールすれば、政権を奪取することができます。しかしそれで国民のすべてをコントロールしたことにはなりません。政権を奪取することより、全国民をコントロールすることのほうが難しいのは判るでしょう。自分をコントロールすることより、自分の細胞をコントロールすることのほうが難しいのと同じことです。多くの国民の支持を得るには、きめ細かな政治が必要です。自分の細胞をコントロールするには、繊細なコントロール能力が必要なのです。

一人の人間の大きさと、細胞の大きさを比べれば判ります。自分をコントロールする空中浮揚能力が、細胞などの細かな物質をコントロールすることに比べて、一〇〇分の一という表現が控えめなのは理解してもらえるでしょう。

大きな人造湖を作り、電力を得る「水力発電」に対して、原子力発電は、細かな物質で大きな力を得られる例です。また、何トンもの火薬を詰める爆弾に対して、原子爆弾や水素爆弾は、細かな物質で大きな力を得る例です。

原子力発電も原子爆弾も、推奨されるものではなく、人間の未来にとっては封印すべき力です。巨大な力というものは、使う方向性によって、人類を破滅に至らせる可能性があります。

エミール師の使う大きな力も、同じように使う方向性を間違えると、とんでもないことになります。だからその能力を持ち合わせるべき「人間性」が問われるのです。**人徳があり、霊性が高い人でなければ、そういう能力を持ってはいけないのです。**

一般的に知られているスプーン曲げや透視能力などの、他の物や人を対象とする能力は、空中浮揚やツンモ（体温を自在に調節する能力）など、自分自身を対象とする能力と比べるとはるかに小さな力です。

私は、いろいろな能力を三つに分類してみました。

1、通常能力（他の物や人をコントロールする能力）

スプーン曲げ、透視能力、念写、念動力、火事場の馬鹿力、予知能力など。

2、ヨーガ能力（自分自身をコントロールする能力）

空中浮揚、体温を自在にコントロールする技法「ツンモ（トゥンモ）」、心臓の鼓動を止める技法、クンダリニー覚醒技法（シャクティチャーラニー・ムドラー）、自らの意思で肉体を離れる（＝死ぬ）技法（マハーサマーディ）など。

3、存在能力（細胞や素粒子など微細な物質をコントロールする能力）

エミール師のようにヨーガ能力を体得している人が、一人の人間としてではなく、一個の存在として状況に応じて使う。思念伝達。空間を超越する。死を克服することなど。

瞑想能力は悪用すると危険です。

国家元首が、必ず瞑想家をブレーンにしているというのも、その表れです。**ヨーガの瞑想能力があれば、国家を動かすぐらいは簡単なことです。**

ただし、そうして動かされる国家は、悪い方向に進みます。なぜなら、自国の繁栄のみに邁進するからです。国家の繁栄は周辺諸国との共存共栄を図らなければ、自滅します。

ヨーガのそういう能力をシッディ（超常的能力）といいますが、正しいヨーガの教えでは、そういう能力が身についたら、その能力に執着せず、修行を先に進めることが大切だとされています。

私は、一九九〇年に地上一メートルを超える空中浮揚を完成させた段階で、空中浮揚は卒業して、その先の修行へと進みました。現在でも、完成した修行は、その能力に執着せず、どんどん先に進むようにしています。

そしてヨーガ修行に終点はありません。生涯成長し続けるのが正しい修行です。

瞬間的に相互の意思疎通ができるヒマラヤ聖者のテレパシー（思念伝達）能力

ヒマラヤ聖者が駆使している、いわゆるテレパシーに当たる思念伝達能力は、電気や無線などよりもはるかに精妙な力であって、瞬間的に相互の意思疎通ができるのです。

この「電気や無線」という表現はベアード・スポールディング氏がエミール師から聞いたことなので一二〇年前のことです。今ならインターネットのツイッターやラインより早く相互の意思疎通ができるということになります。

インターネットを介しての相互交流は、文字や言葉が介在します。しかし、ヒマラヤ聖者はダイレクトに意思疎通するので、そこには文字も言葉も必要ないのです。まさに自分の意思を相手が受け取り、相手の意思を自分が理解するということです。速くて正確という意味では、これ以上の伝達方法はないでしょう。

鳥や花や樹木とも意思疎通ができて、獰猛《どうもう》な動物たちとも仲良くなれるのが、ヒマラヤ聖者なのですが、その根本にあるものは、純粋状態にいつでもなれるということです。

エミール師がベアード・スポールディング氏にそのことを説くときには、「神の愛を表出させる」という表現を使っています。


「動物でも、こんな風に手懐けられるのは、いつも五感で見ているような、死すべき自我ではなく、より真実に近い、もっと深い真我のお蔭なのです。こんなことができるのも、私の自我ではなく、あなた方の言う神、すなわち内なる神、私を通して働いている全能にして唯一の神のお蔭なのです」（第一巻38頁）

その表現はキリスト教徒に対して、理解してもらえるようにという意識から出たものです。したがって、ベアード・スポールディング氏たち調査団一行に対しては、常にキリスト教徒に理解してもらえるような表現方法を取っています。

しかし、エミール師や数人のヒマラヤ聖者は、キリスト教徒ではありません。そういう分類をするなら、ヨーガ行者というのが正しいでしょう。エミール師たちが使いこなしているシッディ（超常的能力）は、ヨーガ修行で得られるものばかりです。

ヨーガ行者は病気を発見し、その病巣が「種」だった時点をも観ることができる

イエス・キリストの時代、仏陀の時代、そしてさらにさかのぼって四〇〇〇年から五〇〇〇年前の時代から、ヨーガは実践されていたとされています。その根拠になるのが、モヘンジョダーロの遺跡から発掘された遺物です。ヨーガの開祖とされているシヴァ神

モヘンジョダーロの遺跡から発掘された、ヨーガの開祖とされているシヴァ神の原型のルドラ神が瞑想していると思われる坐像

の原型のルドラ神が瞑想していると思われる坐像が発掘され、それから推測して、その時代にはすでにヨーガの瞑想が実践されていたと考えられていました。

現代のような医学が発達していなかったころには、優れた能力を持つヨーガ行者は、医師の役割を果たしていました。ヨーガ行者の瞑想は、限りなく繊細を極めていたので、現代のＣＴスキャンやＭＲＩに匹敵するような洞察力、判断力を発揮できました。

ヒマラヤで瞑想を続けるヨーガ行者は、病気になったり、具合が悪くなっても、自力で治すしかありません。瞑想能力を駆使して、自分の体内をつぶさに観察すると、病気の原因となりそうな

「種《たね》」を見出せます。そこに意識を集中することで、その「病気の種」を解消することができるのです。

ガンの早期発見のようなものです。それ以前に、ヨーガ行者は病気を誘発するような食事も摂っていなければ、日々の生活も健康的なので、そういう「種」が生じることもないのです。

自分の内部を精査することのできる、そういう瞑想能力は、そのまま他人にも応用できます。病気に苦しんでいる患者や、具合の悪くなった人たちをヨーガ行者が診察します。

優れた瞑想能力を駆使して、患者の体内をくまなく精査します。そうすると、病巣を見つけることも当然ですが、その病巣が「種」だった時点にさかのぼって観ることができます。前述の存在能力（細胞や素粒子など微細な物質をコントロールする能力）を使うのです。

この部分は現代医学より優れているといえます。病巣の進行過程をつぶさに観察することで、的確な判断が下せるのです。そして、ヨーガ行者はその体内の病巣を観ることよりも、患者の普段の生活を細かく聞き出します。

なぜなら、その病気が生じた原因は、ほぼ普段の生活から来るものだからです。食事から行動パターンからすべて、細かく聞き出すことで、病気の原因を絶つことができるのです。

それをしないで、病巣だけを切り取っても、病気は再発することになるのです。病気の原因となる、生活習慣を完全に改めなければ、病気は完治できないのです。ヨーガ行者はそのことを熟知していますので、病巣を見つけることもしますが、生活習慣の悪い点を見つけ出すことに重点を置きます。

その**生活習慣の悪い点というのは、体癖や思考パターンから、人生観も含め、その人の人格そのものです。そこに、あらゆる病気の種があります。**余命を宣告されるような病気に罹《かか》ったときに、「なぜ自分だけこんな病気になるのか」と嘆きますが、誰かのせいでその病気になったのではないのです。そういう病気になるような生活習慣をしていた結果なのです。

逆に、そういう病気にならない生活というのは、ヨーガの基本的なテクニックの「自分をしっかりと認識する」ことを実践していれば得られます。食べ物でも行動でも、本当に自分の内奥からは、「それを食べてはいけない」「そういうことをしてはいけない」という危険信号が出されています。それを正しくキャッチできるのが、ヨーガの能力です。

そのために、ヨーガ道場やヨーガスタジオに通うのもいいのですが、そうしなくても、まずは「自分を観察する」というアプローチをすればいいです。——そう言われてもどうすればよいか判らない、と思う人が多いでしょう。

それは、通常「自分に意識を向ける」ことがないからです。普段の生活は、常に外を向いて生活しています。パソコンに向かう、スマホでゲームをする、誰かと会う、買い物に行くなど、一日のほとんどの行為の対象は「自分の外」にあります。

その中で自分に意識が向くのは「お腹がすいた」「歯が痛む」「眠い」「腹痛がする」「トイレに行きたい」「頭が痛い」など、生理現象や、自分の身体に異変が起きたときです。そのときには、「下腹部の右側が痛い」とか「左下の奥歯がズキズキする」というように、「自分を観察」しています。

これが、「自分を観察する」ということです。つまり自分の内部で起きている変化を探しているのです。自分の内部で何か異変が起きない限りは、なかなか自分に意識を向けるということはしないものです。

ヨーガ行者は、そういう異変が起きなくても、常々自分を観察しています。それによって、自分を認識する能力が高まり、観察力や洞察力が身につきます。前述の、自分の内奥からのメッセージを細大漏らさずキャッチできるのが、ヨーガ行者の瞑想能力です。

聖者などの敬称について／偉人は「私は偉い」とは言わない

私は自分のことを「ヨーガ行者」だと認識しています。それは「ヨーガ修行をしている人間」ということです。その認識は一九七七年にインドに行ったころから徐々に定着してきました。一九九九年からは、ガンジス河源流のゴームク（標高三八九二メートル）で、インド人のヨーガ行者たちと命懸けの修行をするようになったので、ヨーガ行者という意識が根付きました。

そのことと、聖者、尊者、覚者といった敬称は別です。偉人、知識人、有名人というのも同じように、誰かに対して敬いをもって使う言葉です。だから「私は聖者だ」とか「私は偉人だ」というような使い方は間違っています。あくまでも「ヒマラヤ聖者のエミール師」とか「〇〇さんは偉人だ」と使うのです。

実際エミール師も、周囲の人が「エミール師」と言うことはあっても、本人が「私はエミール師だ」とは言いません。もっともエミールという名前は、ベアード・スポールディング氏が出版するときに、便宜上つけられた仮の名前です。

私が「エミール」という名前を頼りにコンタクトしたとき、その存在の本名は知りましたが、やはり出版物に掲載することは好まないということでした。私がコンタクトしたことのある「ルルイ大聖」は、私に呼びかけてくるのは「私はルルイ」と言ってきています。しかし、その存在の本名ではないです。象徴的な名前として「ルルイ」と表現しているのです。それを受けて、私が直感的に「この人はルルイ大聖だ」と思ったのです。

大物は「私は大物だ」とは言いません。偉人は「私は偉い」とは言いません。本当に強い人は「私は強い」とは言わないものです。そういうことを言うのは、大物ぶっている小物だったり、たいして偉くないから「私は偉人だ」と言ったり、強がっている、弱い人です。

大きな力を使おうと思ったら、可能な限り力を抜くこと

奇跡的力（シッディ）を正しく安全に発揮するには、ある種の「強さ」が必要です。その強さというのは、狂人になってしまうほどの爆発的エネルギーを起こして、なおかつ狂人にならず、正常な意識状態を保つだけの強さといえます。

ヒマラヤ聖者が起こす数々の奇跡も、そういう非常に大きなエネルギーを使うのですが、本人はいたって冷静で静謐な態度に終始しています。それは、力んだり、緊張したり、必死になったりすると、強さは発揮されないからです。

たとえば、映画や芝居などで主役を取り囲む悪者たちは、力んだり、緊張したり、必死になったりという演技をします。それに対して主役のほうは、いたって冷静で静謐な態度を取っています。緊張しているほうが弱くて、リラックスしているほうが強いという構図です。

最初から力が入っていたら、大きな力を発揮できません。

大きな力を使おうと思ったら、可能な限り力を抜くことです。ヨーガでは、その力の抜き方を会得するので、ヨーガ行者はいろいろな面で強いのです。

一日に一六〇キロも移動できるルンゴム（空中歩行）の必然性とコツ

エミール師たちヒマラヤ聖者は、数々の奇跡を起こします。たとえば水上歩行です。ヒマラヤ聖者は、水の上を歩いて川の対岸まで行くのは、ごく普通のことです。また、村人たちも一緒に連れて対岸に行くこともあります。

そういう行為を、日本の都会で実践することができるでしょうか？

答えは「否《いな》」です。

奇跡を起こすには、「必然性」「必要性」が不可欠なのです。

日本の都会で橋が架かっている川を、橋を渡らずに水上歩行するとしたら、必然性も必要性も、まったくない行為です。

ヒマラヤ聖者は、一日に一六〇キロ以上先の地に行くことのできる、ルンゴム（空中歩行）というテクニックを身につけています。マラソン選手でもないのに、なぜそんなことができるのでしょう？　もっともマラソン選手でも、マラソンの四倍の距離を一日で走るというのは、おそらく難しいでしょう。

もともとマラソンは、ペルシャ軍との戦いで勝利したことを伝えるために、マラトンからアテネまでギリシャ軍の兵士が走ったのが起源です。厳しい表現をすれば、今のマラソン選手には、その兵士ほどの必然性も必要性もないです。

アテネまで走った兵士は、戦いの勝利を伝えるとそのまま息絶えたといわれています。そこまで命懸けで走るマラソン選手はおそらくいないでしょうし、必要性もないです。

日本の飛脚も書簡などを目的地まで、走って届けるというものです。その走り方は、飛脚走りという独特の走法で、一説には「ナンバ走り」という、身体をひねらない走り方だとされています。しかし、その走法は現代には伝えられていないようです。

私は、独学でルンゴムを修得したので、ギリシャ軍の兵士や、飛脚の「ナンバ走り」がどういうものだったか、だいたい判ります。ナンバ走りは身体をひねらないとされているので、それを真に受けて右手と右足を同時に出す走り方をする人がいるようですが、残念ながらそれは間違いだと思います。

また、ギリシャ兵士の走り方については、ほとんど情報がないので、想像もできないでしょうが、これも私には理解できます。おそらくヒマラヤ聖者が実践している「ルンゴム」と同じ走りだったでしょう。その理由は、普通なら短時間では行き着かないような距離の場所に、どうしても行かなければならないという「必然性」と「必要性」があったからです。

つまり、テクニックが先ではなく、何をすべきかがまず最初なのです。「アテネまで自軍の勝利を伝えること」「書簡を江戸から京都まで至急送り届けること」が重要なのであって、走るフォームの練習が重要ではないのです。

ヒマラヤ聖者の実践するルンゴムも同じことです。一日の内に一六〇キロ先まで行く手段のあるところでは、必要のないテクニックです。だから都会では新幹線や飛行機を利用するのが正しいのです。そういう交通手段がないからこそ、ルンゴムが必要なのです。

そのルンゴムのすべてではないのですが、私が体得したテクニックの一部を紹介します。

まず遠くの一点に集中して、そこに意識を移動します。肉体はここにあっても、意識だけその遠くの一点に持っていくのです。そうすると「自分の存在」は、ここにある肉体ではなく、遠くの一点にある「意識」のほうに感じられるようになります。

その「意識体」に向けて歩き出して徐々に走るようになり、**肉体が自然に「意識体」に吸い寄せられるのです。そのときの走り方は、上半身は完全に脱力していて、視線は遠くの一点にあって、まるでゴムまりが跳ねるような動きとなります。**陸上競技の三段跳びを、脱力した状態で続けるような感じです。

これを可能にするのは、ひたすら自分を見据える繊細な「観察力」です。伝統的なヨーガの基礎を身につけていれば、ルンゴムのテクニックは体得できます。エミール師もヨーガの達人だったことは確かです。

シャンバラのルルイ大聖／純度の高い宇宙意識からのメッセージとは？

私の過去の瞑想経験の中には、ある種の宇宙意識とコンタクトを取ったこともあります。

それは、現在ほどの繊細な瞑想能力が身についていなかったときの話です。一九八四年一月二五日に「私はシャンバラのルルイ。あなたが現世での役割を持った日に集まってもらった」というメッセージを受けてから、その宇宙意識とのコンタクトが始まったのですが、ここでは、必要と思われる部分だけ紹介します。

ある種の宇宙意識とコンタクトをして、いろいろなメッセージを受け取ることはチャネリングと呼ばれていますす。名前は新しいのですが、「降霊」「いたこ」「神懸かり」「シャーマニズム」など、昔からある現象と同じといえます。

そういうコンタクトを取るには、酒を利用したり薬物やタバコを介したり、不眠不休で儀式をしたりという具合に、通常の意識と違う意識状態に持っていくことが多いです。

しかし、私のルルイ意識とのコンタクトは深い瞑想状態の中で行われます。

その、瞑想中に入ってくる情報を受け取るときには、注意しなければならないことがあります。それは入ってきた情報を鵜呑みにしないことです。ことに純度の低い情報は、なるべく無視するべきです。入ってきた情報が正しいか正しくないかは、何を基準にするかで相当違いが出るので一概にはいえないのですが、純度の高さは正しく判断を下すことができます。

まず**純度が高いというのは、「宇宙の本質に近い」ということであり、純度が低いというのは「人間の利害が関係する」ということです。**

たとえば「私は神々の中でも最も位の高い存在である」というメッセージは純度が低

いと判断すべきです。そもそも、人間の考える神々というのは人間の想像力の産物であり、当然位の高低も人間が生み出したものなので、それらは宇宙の本質とは関係ないことです。

「あなたは宇宙から選ばれた輝かしい存在であり、人類を幸福へ導く役割があります」というメッセージを受けたとします。これを純度が高い情報だと思ってはいけません。なぜなら**宇宙は人間を選ばないし、宇宙の本質は人類を幸福へ導くものではないから**です。

この「宇宙の本質は人類を幸福へ導くものではない」という部分は重要です。**人間を選ぶのは人間であり、人類を幸福へ導こうという発想をするのは人間だけです。**

人間が宇宙の本質に近い部分に視点を合わすことができると、他人や人類の幸福というようなことではなく、自分の生命力を高める努力や、天寿を全うするべき方向へ向かうようになります。私がルルイ意識から受けたメッセージも、「自分を磨く修行をしっかりと実践するべきだ」という内容でした。

その後、ルルイ意識よりもっと根源的な部分からの情報を受けるようになりました。

それは、ルルイ意識からの情報よりさらに人類の利益と関係のない純度の高い、密度の濃い情報です。

「密度の濃い情報」には人間中心のものの考え方はない

密度の濃い状態というのは、普通我々に見えない、感じられない部分が見えてくるということです。たとえば物を見たときに、今見えている状態よりも一〇倍遠くが見える。もしくは、今見えているよりも一〇倍大きく見えるのが一〇の単位で、一〇〇の単位は一〇〇倍。つまり（望遠鏡的に）遠くを見るか、（顕微鏡的に）大きく見るかは同じです。

「一〇の密度」の感性を持った人は、普通の人とどう違うでしょうか？　たとえばボクサーなら、相手の動きが一〇分の一のスピードで見えるので、相手のパンチをまったく受けません。逆にこちらは相手より一〇倍速く動けるので、相手をノックアウトするのは簡単です。

そのぐらいのレベルの中に、霊的な現象とか、いわゆる神懸かりの状態とか、人間に対しての宇宙とのコンタクトなどが、だいたい入っています。その先一〇〇倍、一〇〇〇倍……、一億倍と繊細になっていくのですが、たとえば一〇〇万倍以上の密度になってくると、人間とかかわりのない部分で機能しだします。それは一〇〇〇万倍、一億倍、一〇億倍単位まで考えられます。

それで、「人類の危機を救う」という表現でかかわれるのは、一〇万倍のところです。それは、たとえばトランス状態に入る場合でも、いわゆる入神状態ということでも、それは今言った、一〇万倍までのところです。

つまり、人間が人間の意識を持って何かとコンタクトしようとしたときに、人間というフィルターを通して出てくるものだから、必ず人間中心のものの考え方が出てくるわけです。たとえ神といえども、一〇万倍の密度で言うと、人間とのかかわりが切れないから、必ず「人間を救う」という状況で出てきます。

一〇〇万倍から先、一〇〇〇万倍、一億倍の密度になってくると、そういう問題ではなくなってくる。つまり地球の人間中心の出来事ではなくなってくるということです。

情報の距離で考えてみると、たとえば一キロ先ぐらいまで自分が理解できる、掌握できる範囲だとしたならば、一〇万は一〇万キロ先です。その意味で一〇〇万、一〇〇〇万、億ということになってくると、情報系としては、地球から外へ出て、当然太陽系のまた外までもどんどん出て行ける可能性が出てくることになります。そういう情報系が入ってくるというのは、いわゆる地球の人間の利害と関係のない部分です。

いろいろな宇宙存在とか宇宙意識がありますが、ルルイ意識として、私のところに入り込んできた情報というのは、いつも人間の直接的な利害と関係ないです。だから、人間にとってはあまり役に立たない。なぜかというと、人間を豊かに、平和にしようという方向性での働きかけというのはしてこない。そうではなくて「人間の今のよくない状態の意識をもう少し全体を考えて、いい方向にしむけなさい」という情報が入ってくるのです。

動物、植物、鉱物、全部含めて、その中で人間だけが平和になる（＝救われる）というのは、全体で考えると非常にバランスの悪い状態になるということです。

たとえば文明が進歩したというのは、見方によってはむしろ退歩に近いのです。地球でいえば人間が危機じゃなくて、人間よりは動物、動物よりは植物が危機、植物よりは地球の土壌、鉱物が危機。それよりは大気が危機なのです。

何を救ったらいいかというと、一番最初に大気を救ったほうがいい。人間を平和にするのは後にしたほうがいいというメッセージが、私の瞑想中に入ってくるのです。

まず大気を救い、次に鉱物、植物、最後が人間。
それが「地球に優しい生き方」

たとえば、全人類が死滅したとして、そのときに全動物が死滅するかというと、そうはならないし、全植物も生き残っている可能性が高いです。鉱物はどうでしょう。地球でいえば、人類が全部滅んでも、地球がいきなり消え去るということはないでしょうし、大気も同様です。

しかし、その逆は成り立たないのです。地球上の大気がなくなったとして、それでも人間、動物、植物が生き残っている、とはなりません。

救うという順番は人間を救うのではなくて、一番滅んでしまったらまずいものから救っていかなければならないのです。それは絶対に人間ではなく、地球上の我々がいる状態でいえば大気です。それが全部なくなってしまったら、人間は生きていけないだろうし、動物や植物も死滅する可能性が出てくるからです。

そうするとまず大気を救わなければならない。それから、鉱物です。土壌自体が壊滅的な状態になったときには、植物は生育できなくなる。植物が生育できなくなれば、当然動物にも大きな影響が出てくる。人間も危なくなる。

重要なのは、**「世界の人類が平和に」というのを最初に持ち出しては駄目だということです。それは一番最後です。だから大気が良い状態であって、地球自体、つまり土壌がいい状態であって、植物がいい状態で、動物がいい状態で、その上で人間がいい状態にならなければならないのです。**

人類のためだけの繁栄や幸福は、必ずしも地球にとっては、良いとは限りません。これ以上の繁栄を望むことで、地球環境が悪化するようであれば、我々人類は、少し我慢しなければならないでしょう。

エミール師のようなヒマラヤ聖者は、地球に優しい生き方をしていました。全人類に「地球に優しい生き方」を呼びかけるのではなく、一個人が「地球に優しい生き方」を心がけることが重要です。つまり、私（＝本書の読者）が、ほんの少し地球に迷惑をかけないように心がけるのが、地球にとって最も必要なことなのです。

ほんの少し「自分を見つめ」ほんの少し「大気や鉱物、植物や動物たちに迷惑をかけない生き方を心がける」ことを一人の人が実践すればいいだけです。私にはそれ以上のことはできませんが、それが「地球に優しい生き方」だと思います。

その延長線上に、奇跡的能力、超常的能力が、必要に応じて発揮されるのです。本当に必要なときに、目の前に必要な人の分だけパンが出現することは、地球に優しいことです。農薬を使用して地球を傷つけずに済むのですから。

農薬といえば、テレビで「日本一高い米」というのが紹介されていました。無農薬、無肥料で農耕機械を使わないのです。水は絶やさないようにして、農薬も肥料も使わないと、通常の米の何倍もしっかりと根を張るのです。だから台風が来ても根をしっかりと張っているので、稲が倒れないそうです。無農薬で無肥料で、機械も使わない農法は「地球に優しい」米作りです。しかも美味しいので、高価格で販売できるのです。

ちょっと脱線しましたが、ルンゴムで一日に一六〇キロ先まで行くのも、地球に優しいことです。排気ガスを出したり、森林を伐採して道路や鉄道を敷設しないのですから。しかし、そういう奇跡的能力を使うという話は、現代社会では通用しません。現実的には、今よりほんの少し飽食《ほうしょく》を控えるようにするだけでも、地球に優しいのです。

現在飽食をしている人の多くが、そういう行動を起こしたら、地球環境は驚くほど良くなります。その実行力が、ある意味ではシッディ（超常的能力）です。

それは、一人の人がそういう行動を起こすことから始まります。

第四章

悟りへ向かうために必要な「意識の拡大」について

なぜ「聖者」と呼ばれる人はヒマラヤにいるのか？

聖者と呼ばれる人は世界中に多くいます。しかし「ヒマラヤ聖者」のように、ヒマラヤという地域名で呼ばれる聖者は、他の地域にはありません。たとえば、オホーツク聖者、ナミビア聖者、アルプス聖者というような呼称は一般的ではないです。

なぜ、ヒマラヤだけにそういう呼び方がされているのでしょうか？　私は、その疑問に答えている書物にも人にも、これまで出会っていません。

……が、私の中ではその答えが出ています。ただ、これまでそれを公表していませんでした。しかし、本書の出版準備中に、担当者から、その疑問を投げかけられたので、書くことにしました。そういうことでもないと、私はこのことには生涯触れなかったと思います。

そこで、「なぜ聖者はヒマラヤなのか？」ですが、山の高さが関係しています。以下はウィキペディアの情報です。

最高峰ベスト10

1位：エベレスト山（アジア）８８４８メートル、ネパール・中国
2位：K２（アジア）８６１１メートル、パキスタン・中国
3位：カンチェンジュンガ山（アジア）８５８６メートル、ネパール・インド
4位：ローツェ山（アジア）８５１６メートル、ネパール・中国
5位：マカルー山（アジア）８４６３メートル、ネパール・中国
6位：チョ・オユー山（アジア）８２０１メートル、ネパール・中国
7位：ダウラギリ山（アジア）８１６７メートル、ネパール
8位：マナスル山（アジア）８１６３メートル、ネパール
9位：ナンガ・パルバット山（アジア）８１２５メートル、パキスタン
10位：アンナプルナ山（アジア）８０９１メートル、ネパール

大陸別最高峰

【アジア】エベレスト山8848メートル、ネパール・中国
【ヨーロッパ】エルブルス山5642メートル、ロシア
【西ヨーロッパ】モンブラン4810メートル、フランス・イタリア
【アフリカ】キリマンジャロ山5895メートル、タンザニア
【北アメリカ】マッキンリー山6194メートル、アメリカ合衆国
【南アメリカ】アコンカグア山6960メートル、アルゼンチン
【オーストラリア】コジウスコ山2228メートル、オーストラリア
【南極】ヴィンソン・マシフ山4892メートル、南極半島付近

これで判るのは、八〇〇〇メートル以上の高峰を占めるのは圧倒的にヒマラヤなのです。世界の一〇〇位までの山でも、すべてヒマラヤに存在しています。その高峰が「聖者」とどう関係しているのかというと、宇宙からの純粋情報が得られるということです。

宇宙真理、悟り、純粋意識など、どういう言葉で表現してもいいのですが、**宇宙の本**

世界最高峰のエベレスト、8848メートル

K 2、8611メートル

エルブルス山、
5642メートル

モンブラン、
4810メートル

キリマンジャロ山、
5895メートル

質的な情報は、高峰がアンテナのような作用をして、そのふもとでキャッチしやすいのです。

純粋な情報をキャッチできるヨーガ行者の繊細な感性と超常的能力

しかし、エベレストの頂上に登っても、それはキャッチできません。なぜならアンテナを見ても映像は見えませんし、アンテナに耳を当てても音声はキャッチできないからです。アンテナを通して運ばれてくる画像と音声を、受像機が再現するのです。

エベレストやK2の頂上はアンテナの作用をするので、そのふもとで修行しているヨーガ行者が、情報をキャッチするのです。私が修行したゴームクには、六五四〇メートルのシヴァ・リンガ峰と六八六〇メートルのバギーラティ峰が聳《そび》えています。どちらもヒンドゥー教の聖山であり、明らかに宇宙の本質的な情報をキャッチするアンテナの役割を果たしています。

ただし、ふもとで暮らしているだけでは、純粋情報はキャッチできません。アンテナだけ立てて受像機がないのと同じことだからです。

その受像機にあたるのが、修行を重ねたヨーガ行者の繊細な感性と超常的能力なのです。インドやチベットに古来聖者と呼ばれるヨーガ行者が多くいたのは「世界の高峰のふもと」という環境だからなのです。ふもとといっても、ヒマラヤ聖者の修行場は、だいたい三〇〇〇～四五〇〇メートルぐらいのところです。

瞑想は「無になる」とか「何も考えない」というアプローチでは、失敗する可能性が大きい

その条件に当てはまるゴームクで、私は一三年間ヨーガ修行を続けました。その修行によって「宇宙からの純粋情報」が得られたことで、「系観瞑想」と「アーカーシャ・ムドラー」というオリジナルの修行法を完成させたのです。

自分で考え出したという見方もできますが、私の体感では明らかに、ゴームクという環境によるものだと思えます。

まず一つ目の「系観瞑想」は、誰でも確実に瞑想を深めていくことができる内容です。「我識瞑想」「系識瞑想」「系越瞑想」「系観瞑想」という四つのステップで、確実に瞑想を深めていくのです。

瞑想は、「無になる」とか「何も考えない」というアプローチでは、失敗する可能性が大きいです。そういう曖昧模糊とした瞑想ではなく、まずは、自分の存在（我）を認識（識）し、自分を可能な限り識《し》ることから始めなければ、瞑想は正しい方向へ向かいません。自分を見失ってしまっては、深い瞑想に向かうことなどありえないし、正しい瞑想にならないのです。そこで、自分の存在を認識し、自分（我）を可能な限り識る（識）という意味で「我識瞑想」と名付けました。

これから瞑想を始めようとする人は、その部分（我識）が曖昧な瞑想法は、絶対に避けたほうがいいです。なぜなら瞑想を進めていくにしたがって、多くの問題が発生し、自分ではコントロールできない事態に陥ってしまう可能性が大きいからです。

神秘体験をすることが、瞑想に熟達したことだと思っている人が多いようですが、それはとんでもない勘違いなのです。ほとんどの場合の神秘体験は、ハプニングかアクシデントです。神秘体験をすればいいというのではなく、神秘体験をしたときに、どの程度冷静に対処できるかということが、最も重要な瞑想テクニックなのです。

ヒマラヤで得た二つの修行法／自分が認識している範囲を識ること

自分の存在（我）を認識（識）し、自分（我）を可能な限り識る（識）ことが我識瞑想で、次のステップは、自分がどういうスペース（系）にいるのかを認識（識）し、自分がいるスペースを可能な限り識る（識）「系識瞑想」となります。

この場合、スペース（系）の範囲をどのぐらいに決めるかが重要です。大きなスペースになるほど、認識が難しいので、いきなり宇宙全体を系にすると、絵に描いた餅のように内容の伴わない瞑想になってしまいます。少なくとも手の届く範囲か、目に見える範囲を系とするぐらいから始めなければ、ちゃんとした瞑想にはなりません。

そして、**瞑想を正しく深めていくには、現在自分が認識している系（系識）を越えなければならないのです。**系識の範囲が部屋でも、地球でも同じことで、それを越えることでその後の「系観瞑想」へと発展するのです。
現在自分が認識している範囲（系）を、確実に少しでも越えて、振り返ることができれば、「系越瞑想」に成功したといえます。なぜ自分が認識している範囲（系）を越えて振り返る必要があるのかというと、系の内側から（系識）と、外側から（系越）認識することで「自分が認識している範囲（系）」に曖昧な部分をなくすためです。

孫悟空が宇宙の果てまで行って戻ってきたと思っても、お釈迦様の手のひらを出ていなかったという話があります。それは系観瞑想ができていなかったためなのです。系観瞑想を会得していれば、宇宙の果てにたどり着いたと思ったときに、そこを越えて振り返ることができます。そうすればお釈迦様の指先か爪先を見つけて、自分がどこにいるのかを見誤らなかったはずです。外側から（系越）認識することで「自分が認識している範囲（系）」に曖昧な部分がなくなるのです。

瞑想の目的は「自分のすべてを識る」ことにある

「悟り」や「解脱」も、「自分のすべてを識る」ことで得られる

宇宙全体と自分を観るためには、まず自分がどこにいるのかを認識（系識）しておかねばならないのです。お釈迦様の手のひらの上にいることが判れば、その領域（手）から抜け出すこと（系越）ができます。

そして宇宙の果てにたどり着いたと思ったときに、もう一度その全体像を認識（系観）すれば、同じ間違いを二度起こすことはないです。

社会生活においても常に自分を見失うことなく、その場の状況判断ができれば、間違いを起こすことはまずないです。その点では、系観瞑想を身につければ、社会生活が豊かなものになります。

瞑想は最終的に「宇宙のすべてを識る」ことによって「自分のすべてを識る」のです。なぜ、自分を識り（我識）、自分の外界を識り（系識）、それを越え（系越）るのかというと、最終的に**外の世界と自分のすべてを観る（系観）ためなのです。瞑想の目的は**

そこにあって、人生の目的もそこにあるといっても過言ではないでしょう。一般的に知られている「悟り」や「解脱」も、「自分のすべてを識る」ことで得られるのです。

このシステムを、私はヒマラヤでの修行で体得しました。この系観瞑想は、さらに第一系観瞑想から第四系観瞑想まであり、直線テクニック、視野テクニック、全方向テクニックというふうに分類されるのですが、その全部の紹介はここでは省かせてもらいます。「ヒマラヤ聖者への道」研修などを開催するときには、参加者に実践してもらえると思います。

そして、ヒマラヤで得た二つ目のオリジナルの修行は、アーカーシャ・ムドラー（虚空印）です。人体内に七つあるとされる霊的エネルギーセンター（チャクラ）と対応して、七つのムドラーをヒマラヤで完成させました。

古今、数多くのムドラー（印）が世界中の宗教などで、開発されてきました。合掌もその一つですし、親指と人差し指で円を作る智慧の印もそうです。しかし、このアーカーシャ・ムドラーは、そういった既成のムドラーとは一線を画す内容です。私がヒマラヤの氷河の上で、究極的な「純粋意識」状態になり、その中から生じたムドラーです。

これも、この紙面では説明できませんので、研修の折りに体験してください。

なぜインドにはベジタリアンが何億人もいるのか？

そして、そういう純粋情報を受け取ったヒマラヤ聖者や私の存在が、一般市民に影響を与えるのです。

その証拠の一つが、インドの大半の市民がベジタリアンだということです。**世界的にベジタリアンが何億人もいるという地域はインド周辺しかありません。それは「ヒマラヤ聖者」が受ける純粋情報の影響によるものなのです。**

ヒマラヤ聖者や私たちヨーガ行者は、肉や魚を食べません。インドの一般市民は、スパイスの効いた食事をしています。しかし、ヒマラヤ聖者や私たちヨーガ行者は、スパイスを控えめにした食事を摂っています。それがシャーンティ（平穏）な心の状態を保つ役に立っているのです。

スパイスが効いていても、肉食中心よりは、菜食中心のほうが、シャーンティ（平穏）なのは確かです。インド以外の世界のどの国でも、ベジタリアンの比率は非常に少ないです。ベジタリアンが多数派というのは、インドだけです。

人類の大半がベジタリアンになれば、食糧危機は一気に回避され、地球環境は改善されるのでしょうが、現時点では多くの問題を含んでいます。そういう変化は、「一気に」ではなく、「徐々に」移行するのがベストです。食の問題は後述（185頁）しますが、ヒマラヤ聖者のエミール師や私のような存在が、一人でも二人でもいることが、人類にとっては必要なのです。次にその話に触れます。

ヒマラヤ聖者の存在意義／意識レベルの高いヒマラヤ聖者が一人存在することの影響力

意識レベルの高いヒマラヤ聖者が存在するということが、人類にとってどういう意義があるのでしょう。そのことをピラミッドで譬えてみます。

クフ王のピラミッドに使われている石の数は、二三〇万個とも三〇〇万個ともいわれています。その頂点にある、たった一つの石を存在させるためには、その下に二二九万九九九九個の石が必要です。意識レベルの高いヒマラヤ聖者が一人存在することで、その下では、二三〇万人もの人が少しでも精神性を高めようとし出すのです。

それは、仏陀やキリストという人間が存在したことで、その当時から現代まで、数えきれないほどの人たちが、少しでも霊性を高めようとか、徳を積もうという意識になることと同じです。

仏教やキリスト教というような宗教団体を作らない分、ヒマラヤ聖者のほうが存在意義は高いのです。それは、「個人の精神性を高める」ということのみに意識を向けられるからです。宗教団体になると、それ以外の雑多なことに意識を取られてしまう可能性があるのです。

たとえば、お経や賛美歌などを覚えるとか、その団体の教義や規律を守ることとか、信者を勧誘すること、団体内での地位を高めることなど、本来必要なこと以外に意識が向けられてしまうのです。

ヒマラヤ聖者や私の実践しているヨーガで説いているのは、そういったことではなく、自分の霊性を高めるために、自分自身を見つめ、自分を知る努力をすることなのです。そのことが、この世に生を受けた人間にとって、一番必要なことです。今の状態から、ほんの少しでも精神性を高めることが、ヒマラヤ聖者に一歩近づくことであり、宗教団体の規律を守ることよりはるかに大切なのです。

そういう意識を持った人が一人でも増えることが、ヒマラヤ聖者の存在意義であり、私がヨーガを実践し、空中浮揚やルンゴム（空中歩行）などを体得することの意味合いでもあるのです。

ヒマラヤ聖者は稀有の存在／なぜヒマラヤ聖者が世界中に大勢いないのか？

ところでエミール師など、ヒマラヤ聖者と呼ばれる人は、世界中に何人ぐらいいるでしょうか？　そんな調査はこれまで誰もやったことがないので、答えはありません。

しかも、ヒマラヤ聖者は一般市民と接触しないか、逆に一般市民の中にまぎれてしまっていることが多いので、その人数調査はできません。少なくとも世界の全人口からすれば、ヒマラヤ聖者は稀有の存在であり、限りなくゼロパーセントに近いといえます。

「なぜ、ヒマラヤ聖者が世界中に大勢いないのか?」に対する回答の一つは、「意識の拡大」の本質を知って、その「意識の拡大」を実践している人が、世界中にはほとんどいないからということです。私は長年ヨーガ修行を続けている中で、その「意識の拡大」の本質をつかんだのですが、これまでそのことは、活字にしませんでした。

それは古今、その部分に触れた書物や、そのことを語った人というのが、見当たらなかったから、それを私が口火を切っていいものかどうか、疑問を抱いたまま今日まで来たのです。

何冊かの拙著で、「意識の拡大」の説明をしてきてはいますが、その本質部分は避けてきました。今回、本書を上梓するにあたり、やっと決断しました。

どうしてその部分に触れることにしたかというと、「意識の拡大」の本質を説明することが、エミール師の数々の奇跡に対して、一番説得力があると考えたからです。

自分の霊性を高めることが、この世に生を受けた人間にとって一番必要なこと

私の「意識の拡大」の始まり

私が「意識の拡大」の本質的な体験をした最初の事例は、五歳ごろのことです。そのころに、いきなり豚肉が食べられなくなったのです。豚肉を口にすると、そのとたん、吐き戻してしまうようになったのです。

東京の小学校入学までは、田舎暮らしをしていました。野生動物や家畜と一緒の生活をしていたので、動物を殺すことの意味合いは体験的に理解していました。飼っている鶏の首を絞めて、今日は鶏肉料理だという生活。マムシを捕まえてきたら、それでマムシ酒にしたりという田舎暮らしです。

私が豚肉を食べられなくなった原因は、動物を殺すことに対する嫌悪感が拡がったからです。その後、徐々に他の動物も食べられなくなり、大人になるころには魚も食べなくなり、以来数十年間、動物類はほとんど口にしていません。

豚肉を食べられなくなったことが、「意識の拡大」の本質的体験とどうつながるのかという疑問を抱いたかもしれません。そのへんは、これからおいおい説明していきます。

私は完全菜食主義者ではありません

動物はほとんど口にしていない、といっても私は「菜食主義」ではないです。野菜もそんなに積極的には食べません。

動物を食べないといっても、日本に住んでいると、完全に動物類を口にしないというのは難しいです。日本の料理には、ほとんどカツオ出汁が使われているので、それを完全に避けるのは、かなりの努力が必要です。そこまでストイックな努力をする気はないです。身体が受け付けなかったり、食べる気がしない場合は避けるということです。

私の食の選択は、身体に良いからということではないです。——なので、インスタント食品を口にすることもあります。卵も食べますが、一つの生命として誕生する可能性のある有精卵は食べないようにしています。有精卵は可能なら誕生してもらって、ヒヨコから鶏へと成長する経験をさせたいからです。食を選ぶ基準が、五歳ごろから同じなのです。「動物を殺すことをなるべく避けたい」というものです。

しかし、生きるということは、何かを犠牲にして食を得ているので、「完全菜食者」になって、「私は動物を殺していません」という姿勢を取る気はないです。私の考えていることを、もう少し表現するなら、「動物を殺したくない」というより、生まれてきた動物が、その生命を「全うできるように」と思っているのです。

「意識の拡大」の本質と深い関係のある食べ物

食べ物の話をもう少し続けますが、それは「意識の拡大」の本質と深い関係があるからです。弱肉強食という言葉が示す通り、自然界では食物連鎖の中で、強いものが弱いものを食べるということが繰り返されています。これは「自然」の行為です。そこには、不自然さはなく善悪という物差しもありません。

鹿の群れをライオンが襲い、一頭の鹿が犠牲になるのは、自然の出来事です。それによって、鹿という種の中で弱いものが淘汰され、強い鹿が生き残ることになります。一頭の弱い鹿がライオンに食べられるというのは、鹿という種全体としてはよいことなのです。

　これは残酷なように見えても、そうではありません。この弱い鹿のように昔なら生きられないという人たちが、現代では医療によって生きられています。これは、人間という動物の種として考えた場合は、弱くなっているということです。

　昔は生まれてきた子供に、人生を全うできるかどうかの選別をする風習が、世界中にありました。たとえば、生まれてから三歳になるまでは、名前をつけないという風習がある地域は、それまで生きられたら名前をつけるということです。また、生まれたばかりの赤ちゃんを冷たい川にしばらく浸けておいて、その後引き上げて生きていれば育てるという風習の地域もあります。

　こういう残酷とも思える風習が、種の保存という観点で考えた場合には、実は重要だったのです。人間という種は、現代非常に弱くなっています。言葉を換えれば絶滅に向かっているのです。

　太古の時代の人間は自然のサイクルに従って生活をしていました。しかし、人類は文明の進化とともに、家畜を飼うようになりました。乳を搾ったり、肉を食用にしたりという具合になり、それも弱肉強食の一形体だという見方ができます。それが、さらにエスカレートして現代では、家畜ではなく食肉牛と名付けられて、ただ人間に食べられるためだけに生かされるようになりました。

これは、すでに自然を逸脱した状態だと思います。生まれてきた生命を「全う」できる状態ではないです。

家畜の段階では、まだその家族の一員として飼われ、可愛がられて生命を「全う」できました。しかし、生まれてきたときから狭いケージに入れられて、ただ肥えるためだけに餌を食べさせられて、草原を走り回ることもなく、仲間と戯れることもなく、殺戮《さつりく》されてしまうのです。

もしあなたが、生まれた瞬間から「終身刑」を宣告され、刑務所の中で生涯を終えるとしたら、幸せですか？　幸せかどうか以前に、生まれてきたことに対して、何一つプラス要素を感じられないでしょう。仕事をすることも、遊ぶことも、動き回ることも、勉強することも許されず、ただただ死を待つだけなのです。そんな境遇の人間は、現在ほとんどいません。しかし、「牛」というだけで、その境遇を課せられてしまうのです。

こんな残酷なことはありません。

ヨーガを実践していて、ヒマラヤ聖者と同じ思考になると、「食用牛」という立場が残酷で、動物虐待で、非人間的だと思えるようになるのです。これは、一般的な考え方には反するでしょう。だからヒマラヤ聖者が稀有な存在なのです。ヨーガ行者の周囲には、あらゆる動物が集います。それは、トラやライオンやコブラでも、愛情を持って接して、敵だと思わないからです。

人食いザメ、人食い熊、人食い虎という言葉は、実にその動物に対して失礼な言葉です。サメでも熊でも虎でも、基本的に人間を食の対象になどしていません。人に襲われるから自己防衛手段として嚙みつくのです。

むしろ人間が、サメ食い人間、熊食い人間、牛食い人間、豚食い人間なのです。動物の中で最も危険な動物が人間なのです。他の動物はそれと比べたら、心優しい動物ばかりです。

動物が人間に食べられるまでの短い命を、せめて有意義に過ごさせたい

日本には、ウナギを一切食べない地域があります。東京では、日野市栄町です。その他全国に数か所、そういう地域があるのです。その地域には、生まれてから一度もウナギを食べたことがない人がたくさんいます。

日野市の場合には、洪水のときにウナギが穴を塞いで村人たちを助けてくれたことから、それ以来ウナギを食べなくなったのです。地域によってその謂《いわ》れは多少違うのですが、基本的にはウナギに助けられたことから、食べなくなったというのがほとんどです。このことで判るのは、動物に対する感謝の気持ちがどれだけあるかということです。

それと、これはウナギが人間を助けたという話ですが、牛やウナギに限らず、動物全般に、そういう優しい心があるという点が重要です。そしてその逆もあるということです。

つまり、生まれたときから食肉牛と呼ばれ、つらく苦しい生涯を送り、殺された牛には、人間に対する感謝ではなく、怨念が染みついていて、死後、食肉となった後も、その意識は消え去りません。

その牛肉を「美味しい」といって食べる人が「ヒマラヤ聖者」になることは、絶対にないでしょう。私もエミール師も、生まれてきた動物が、その生命を「全うできるように」と切に願っています。

牛や豚が人に食べられることは、仕方ないです。しかしそれは、生まれてから殺されるまでに、有意義な時間を過ごして、生まれてきたことに「喜び」を持てるような環境で育ったうえでのことです。

人間に食べられるまでの短い命を、せめて有意義に過ごさせるべきです。野生の動物と同じではないとしても、身動きもできないようなケージで飼われて死を待つようなことだけは、この地球上から一掃したいです。人間に、そこまでの特権は与えられていないと思います。

生まれてきた以上、すべての動物が、何らかの有意義な時間を過ごせるように、人間は気を配るべきです。人間が他の動物より優秀だと思うなら、その気配りぐらいは持たなければ恥ずかしいです。

宗教的理由での肉食禁止について

ヒンドゥー教、ジャイナ教、仏教では肉食を禁止しているので、菜食主義者が多いです。とはいっても、ヒンドゥー教や仏教では、いろいろな解釈で肉を食べてもよい、魚を食べてもよい、とする部分も見受けられます。

日本に来ているヒンドゥー教のインド人の中にも、ビーフステーキを食べる人もいます。日本の牛はヒンドゥー教の神様の牛ではないから、という変な理由です。

イスラム教では規定に従って調理された食品（ハラル）以外は食べてはいけないので、最近は「ハラル料理あります」と表示してあるレストランを日本でも目にするようになりました。

ユダヤ教ではカシュルート（適正食品規定）といって、食べて良いものといけないものを厳しく規則で定めています。ヨム・キプル（贖罪の日）には飲食が禁じられます。キリスト教のセブンスデー・アドベンチスト教会では、ユダヤ教の戒律に準じた食事と菜食主義を奨励しています。イスラム教にもラマダーンという断食があります。

まだまだ世界中のいろいろな宗教で、禁じられている食べ物は数多いです。それらの戒律は、自然という観点からすれば、不自然です。その宗教の開祖の考えであったり、その宗教で言い伝えられている神話に基づいていたりと、いろいろですが、いずれにしてもその宗教内での戒律です。人類全般に共通することではないです。

「人間は万物の霊長」という驕った考え方が逆に知性のなさを表している

農耕や荷役に使われるために食しないケースや、ペットとしている愛玩動物だから食べないということもあります。台湾の年輩の人たちは牛肉を食べないそうです。牛は農業に役立っているので食べるのは間違っていると感じているかららしいです。またカナダのアカディア人はかつて農耕や荷役を終えた牛のみを食べていたそうです。高い知能を持っていると考えられている、類人猿、猿、クジラ、イルカなどを食べないという考え方もあります。

こういった考え方は、宗教上の理由よりは少し、人間的です。しかし、クジラやイルカが高い知能を持っていると考えるのはいいのですが、牛、豚、鶏などは高い知能を持ってないと考えるのはおかしいです。その考え方は、単なる人間のエゴであり、浅はかです。

人間は万物の霊長だ、という驕《おご》った考え方が逆に「知性のなさ」を表しています。

他の動物は、そんな見当違いな考えを持っていません。どんな動物でも、人間に食べられたいとは思っていません。そこに知性の高さや低さなどは関係ありません。

「生まれてきたこと」「生きること」は、あらゆる動物に等しく与えられた恵み

ここまで肉食を禁止するケースを並べてきましたが、現在肉を好んで食べている人が、いきなり菜食にするのは難しいでしょう。

食傾向を変えるとしたら、それなりの理由と肉体の要求を見据えることです。

私の考える「動物愛護」は、一般的とはいえません。ヒマラヤで修行するヨーガ行者の一人の考え方です。人類の中で稀有な立場の人間の考えることと、一般的な考えが異なるのは当然のことです。ですから、ここに書き出されていることを鵜呑《うの》みにする必要はないです。あくまでも、エミール師のようなヒマラヤ聖者への道を歩む人がヒントとして考えることです。

そのつもりで、読み進めてください。

そこで、野菜料理でも、ウナギのかば焼きに見立てたり、まるで魚のようにしたり、

肉としか思えないような料理に仕上げて提供する店がありますが、私個人としては、感心しません。肉を食べたいのに、それらしく野菜で作ったものを食べてまぎらわすような食事は、味覚的にも精神衛生上も良くないです。

自分が今、何を食べたいのかをしっかりと見据えて、自分自身の内奥から出てくる正しい答えを引き出すべきです。肉もどき料理は、食材である野菜に対して失礼な料理だと思います。

私は「動物愛護」という言葉に対する違和感が拭えません。クジラを保護して動物愛護とするなら、食用牛や、食用豚を一切廃止すべきだと思います。牛も豚も、人間に食べられたいと思って生まれてきたのではないです。もし、動物愛護というなら、毛皮のコートも、革靴も使用すべきではないです。**この極端と思える考え方の中に「意識の拡大」の本質が隠されているのです。**

人間は、「進化」して「文明を得る」という輝ける道を歩んできたという見方もあるのですが、逆にそれは悲しい変化の道をたどってきたともいえます。たぶん、万物の霊長というおごりがあるからでしょう。「生まれてきたこと」「生きること」はあらゆる動物に等しく与えられた恵みです。

私が「動物虐待」だと思える事例を挙げてみます。

前述した牛や豚や鶏の、放牧でない飼い方でケージに入れられたまま育てられるのは、動物虐待だと思います。魚の活き作りもそうです。魚の身を削いで頭と尾を残して骨だけにして水槽で泳がせたり、皿の上でピクピクと動くのを見せるのは、絶対に許せない動物虐待です。

その魚が新鮮だということを見せるためでしょうが、自分がそのような目に遭ったらどうでしょうか？　手足を削がれてギリギリまで生かされて、その後食べられてしまうのです。

魚の活き作りを食べる人は、そのことを考えてから食べてほしいです。タコ、イカ、エビなどが身体をよじらせているのを見て「新鮮だねえ」と言いながら食べる人には、同じ苦しみを味わってもらいたいです。

フランス語で「肥えた肝臓」という意味のフォアグラは、世界の三大珍味とされています。ガチョウや鴨を強制的に給餌して肝臓を肥大させるのです。自分が長い鉄の棒を胃まで入れられて、ペースト状の食料を流しこめられて、肝臓を一〇倍の大きさにさせられ、殺されることを考えてください。まともな人ならとても耐えられるとは思えません。人間の残虐さによって、そうやって作られた珍味を、美食家は喜んで食べているのです。

動物虐待かどうかの判断基準は、たとえ短い生涯だとしても、その動物が何らかの形で充実した時間を過ごすことができたかどうかです。クジラやイルカは、捕まるまで自由に大海原を泳いでいましたので、動物虐待とは思えません。

それに引き換え、ケージという檻に入れられたまま育てられて殺される、食用牛、食用豚、鶏などは、明らかに動物虐待です。最後は人間に食べられるとしても、牧場で育てられて、走り回り仲間の牛たちと戯れる日々を過ごしてから殺されるなら、多少は許されると思います。

人間だけが地球上で一番偉いわけでも、権力があるわけでもありません。人間の立場を離れて、動物、植物、鉱物、気体の立場に立ってあらゆることを判断すると、まったく違った世界が開けてきます。

肉食の人が少しずつ減ることで、食肉牛という運命の牛が減っていく

私は、肉食者が減って、ベジタリアンが増えたほうが望ましいと考えています。

しかし、いきなりそうなるのは、好ましいとは思いません。

世界中の人がいきなりベジタリアンになったら、精肉会社は倒産に追い込まれるし、多くのレストランやファストフード店も倒産してしまうでしょう。それに関連した多くの会社や従業員にも多大な迷惑がかかることになります。だから、いきなりベジタリアンが増えるのは、問題が多いし難しいでしょう。

では、どうすればよいかというと、**自分に意識を向ける人が一人でも増えるようになるといいのです。自分に意識を向けるというのは、人生での最大の謎を解こうというこ**

と同じです。「人生で最大の謎」は、自分自身のことなのです。

インターネット全盛の現代は、キーワードでネット検索すれば、どんな情報でも一瞬で入手できます。しかし、「自分」というキーワードを入力しても、自分のことは何一つ出てきません。

人生で最大の謎であり、生涯をかけて知っていくべきことが「自分のこと」なのです。

その「自分を知る」ための方法として「ヨーガ」を実践することが有効です。ハタ・ヨーガで身体操作をすると、自分の身体の弱点や長所などが見えてきます。

呼吸に意識を向けると、その瞬間から呼吸が「ゆっくり」になります。呼吸が深くなり安定すると、筋肉の質や血液の質が良くなります。そうすると、食の傾向が変わってくるのです。

私のヨーガ教室に来る人が、「ヨーガをやるには肉食を止めたほうがいいのですか?」「ベジタリアンになったほうがいいのですよね」という質問をしてきます。それに対して私は、「今食べているものを、いきなり変えないほうがいいです。肉が好きならそれを我慢することはしないようにしてください」と言います。

ところが、私の教室に半年、一年と通ってくると、自然にベジタリアン傾向になる人が多いのです。それは、ヨーガを実践していると、体質が変わるからです。ヨーガを実践して呼吸が深くなると、血液の質が良くなり、筋肉の質が良くなり、精神状態が良くなることで、徐々に食傾向に変化が現れてきます。

本当に自分の身体が必要としている食べ物を、必要なときに必要な分だけ食べるようになってくるのです。そうすると、一日三食は食べられません。二食でも精一杯になります。

ただしそうなるのは、あくまでも体質が変化した結果でなければいけません。書物や外部からの情報を鵜呑みにすると良い結果は得られません。

自分の人生に対するあらゆる答えは、外部にはありません。自分をしっかりと見据えることで、自分自身の内奥から、すべての答えが得られるのです。

そうして徐々にベジタリアンが増えていけば、食肉に関連した企業や従業員が、少しずつ縮小する方向へ行くので、いきなり倒産とはならないのです。私のように、普通の成人男性よりかなり食事量が少ない人が、徐々に増えてくれば、その結果として、世界の食糧危機が回避されることにつながります。

グルメの人たちの食事量が半分になれば、おそらくそれだけで全世界の飢餓にさらされている人たちを救えるでしょう。

私はかなり偏食なので、出された食事を残すことが多いです。昔なら「罰が当たる」と叱られるような行為ですが、私はむしろ残すほうが世界の食糧事情に貢献すると考えています。

それは、飲食店が提供している食事を残す人が増え続けると、当然提供する量を減らすことになります。その結果食糧不足が解決することになります。もしそうなるとしても、それは非常に長い年月を要することです。

だから良いのです。いきなり飲食店の提供する食事量が半減したら、これも関連企業の倒産や失業者を増やすというようなことになります。徐々に良い方向に向かうのがベストなのです。

本書を見た一人の人が、食肉牛の悲惨な生涯を考えることで、消費されるステーキの量が「ほんの少し」減るのです。それは微々たるものですが、それが大事なのです。いきなりこの世から「ビーフステーキ」が消え去る必要はないのです。少しずつ減ることで、世界の食糧バランスが良い方向に向かい、食肉牛という運命の牛が減っていくのです。

ゴールははるか遠くでも、一歩踏み出す人が一人出れば、それでゴールは近づくのです。私の食事量の少なさや肉魚を食べないことなどが、食糧危機回避に貢献しているのです。その貢献度がどんなに微々たるものでも、貴重なことです。

瞑想の熟達／意識できるスペースを広くすることが「意識の拡大」につながる

人間以外の動物や植物などの気持ちを考え、自分自身がその動植物の意識を持つということは、「意識の拡大」の本質部分ですが、その前にまず「意識の拡大」の説明をします。

パタンジャリの『ヨーガ・スートラ』によるとサマーディ（悟り）に至る最後の三段階が、集中（ダーラナー）、瞑想（ディヤーナ）、三昧（サマーディ）となっています。しかし瞑想を実践し続けているヨーガ行者は、集中から瞑想に入るということをしていません。**集中から意識の拡大に入るのです。**

意識を限りなく拡大していくと、その先に瞑想の深い状態が確実にやってくるのです。

ところが、意識の拡大というのは、具体的につかみにくいし、理論家にとってはピンとこないやっかいなテクニックです。たぶん、そのためだと思うのですが、『ヨーガ・スートラ』では、意識の拡大に触れずに、集中から瞑想に至るとしているのです。

そのことが、瞑想を「捉えどころのないもの」と思われてしまう原因ではないかと、私は考えています。判りやすい、確実な瞑想指導をする瞑想家や瞑想の指導者が少ないのも、そのせいではないでしょうか。ただ黙って座り続けていれば悟れる、というような指導をされても、普通の人にはさっぱり判らないでしょう。実際、そういう指導を受けたら、私もさっぱり判りません。

そこで、**瞑想に熟達するのになぜ、「意識の拡大」が必要なのかというと、意識できるスペースが瞑想スペースなので、それが広いほど瞑想の世界が広がるからなのです。**

瞑想スペースを部屋にたとえて説明します。

たとえば六畳間で、集中に一畳使うと、残りの五畳が瞑想スペースです。しかし初心者はその五畳の内四畳が雑念のスペースだとすると、瞑想スペースは一畳だけです。

集中力がついてきて、想念（＝雑念）の湧くスペースが少なくなって一畳だけになれば、四畳が瞑想スペースになります。さらに想念がほとんど湧かなくなれば、瞑想スペースは五畳にまでなりますが、どんなにがんばっても六畳以上にはなりません。

そこで「意識の拡大」というテクニックを身につけると、八畳、一二畳、二〇畳と全体のスペースを拡げられるようになるのです。そうすると当然、瞑想スペースが拡がることになり、確かな悟りを得られる土台が出来上がるのです。

一〇〇畳の大広間で、集中に一畳使って、想念がほとんど湧かなければ、九九畳が瞑想スペースとなります。だから、意識を宇宙いっぱいに拡げられれば、宇宙のすべてを知る「悟り」に至れるのです。

これまで、私が話したり書いたりしてきた、「意識の拡大」はこの通りで、瞑想能力を高めるには必要不可欠なものです。しかし私やエミール師の起こす数々の奇跡は、この意識の拡大の延長線上にはないです。

瞑想能力を高めてサマーディ（悟り）に至るための道程として、これまで説明してきた「意識の拡大」があるのです。**人間として生まれて、人間として成長し、人間として霊性を高めて、最終的には人間を卒業（マハーサマーディ＝大いなる悟り）するために、この「意識の拡大」が必要なのです。**

それは、ヨーガの王道でもあります。なので、私が説明してきた「意識の拡大」が間違いということではないです。人生を全うするためには、むしろ正しいといえます。

そして、ここから説明する「意識の拡大」の本質部分というのは、「人生を全うする」ということから離れて、人間以外の視点で物事を考えるのです。人間の視点から離れない限り、残念ながらエミール師の四〇〇歳という年齢は考えられません。それは、人間以外の視点を持つことで可能になるのです。

私やヒマラヤ聖者エミール師などが身につけていった「意識の拡大」

私が五歳ごろに、豚肉を食べられなくなったときには、気づいてなかったのですが、その時点で「人間の視点」から離れた思考形態を取っていたのです。つまり、豚肉が嫌い、というのではなく、豚肉となった豚が「命を全うできなかっただろう」と考えたときに、食べられなくなったのです。

たとえば、食用牛の意識レベルに自分の意識を拡大すると、生まれてから食肉処理場で命を落とすまでの生涯を疑似体験できます。その食用牛の意識に拡大できるようになったときに、牛肉を食べることはできなくなります。その牛の生涯がどれほど辛く、悲しいものなのかを、自分自身の如く感じられるのです。

それは豚でも鶏でも同じです。小動物から植物、鉱物、気体という具合に、意識を拡大していくと、それぞれの生涯や立場が異なっても、人間の視点ではなく、その対象の視点で疑似体験ができるのです。

その体験は、人智を超えた体験となり、人間が考える奇跡というものが、奇跡ではなくなります。そのことを理解してもらうための助けとして、前述した譬え話をもう一度確認します。

「一匹のアリを人間がつまみあげると、周囲にいるアリは、そのアリが一瞬にして消えたと思ってしまいます。それが視点を変えるということです。アリにとっては奇跡が起きたと見えるのですが、実際は奇跡でもなんでもなく、人間にとっては通常の能力を発揮しただけなのです」

このアリを、視点を変えられない普通の人に置き換えると、アリをつまみあげて一瞬にして遠くへ移動させることのできる能力を持った人間が、私やエミール師ということになります。アリの前に突如大量の砂糖が出現したとしたら、それは人間がそこに砂糖を置いただけです。エミール師が、パンを必要とする人たちの前に突如パンを出現させたのは、これとほぼ同じことです。

この場合のエミール師をアリの視点で表現するなら、「一匹のアリ」という形をした人間の能力を備えた「一個の存在」ということになります。

人間の視点で表現すると、エミール師という「人間」の形をした、人智を超えた能力を備えた「一個の存在」ということになります。

「視点を変える」という「意識の拡大」の本質のスタートが、牛の視点に意識を拡大するということです。これはヒンドゥー教徒が牛を食べない、回教徒が豚を食べないことと関連があります。


人間が、死んだ人の肉を日常的に食べることをしないのは、人間の視点を持っているからです。つまり、死に至ったその存在と同じ視点、同じ思考形態、同じ生活習慣を持っていると、例外的に共食いということはあっても、通常はその存在を「食」の対象として見ることができなくなるのです。共食いが例外的だというのは、共食いを続けると、種の保存ができなくなり、その種は絶滅してしまうからです。

瞑想能力が高くなると、牛と同じ視点、豚と同じ視点、鶏と同じ視点、魚と同じ視点という具合に、あらゆる動物と同じ視点を持つことができるようになります。そういう過程を経て、肉食をしなくなれば、「人間の能力を備えたアリ」と同じ能力が身につく可能性が高くなります。それが、私やヒマラヤ聖者エミール師などが身につけていった「意識の拡大」です。

また、その延長線上で、植物の視点、鉱物の視点、大気の視点という具合に「意識の拡大」が進むと、人間という形を取っていても三〇〇歳、四〇〇歳という可能性が出てくるのです。なぜそういうことが可能なのかというと、何千年という寿命を持っている樹木の視点に意識を拡大できるからです。

この「**ヒマラヤ聖者への道**」で**得るべき意識の拡大は、近い存在から徐々に遠い存在に、視点を拡げていくことです**。いきなり樹木の視点を持つことはできません。まずは、牛や豚の視点を持つことが現実的なのです。

ヨーガを実践し、悟りへ向かう過程で体得する「意識の拡大」は、自分自身の意識を可能な限り拡げていくことです。しかし、ヒマラヤ聖者という稀有な存在へ向かう「意識の拡大」は、人間としての自分から動物としての自分、植物としての自分……という具合に、意識を拡げていくことなのです。

第五章

奇跡を起こす方法

科学で解明できない現象を「ありえない」と決めつけることこそ、非科学的

ヒマラヤ聖者が稀有の存在だということは、少し理解できたのではないでしょうか。村人を連れて河を渡るヒマラヤ聖者の話。三〇人の団体の食事を一瞬にしてテーブルに揃えること。病人の病を一瞬にして治癒させること。貧しい村を一夜にして、きれいな村にしてしまう話。

これらの話は、確かに常識では考えられないことばかりです。「常識では考えられないこと」を、正しく表現すると「現代の常識では考えられないこと」です。つまり、現代科学で解明されていないこと、なのです。

たとえば、天動説が常識だった時代には、地球が丸くて動いている、という説は「非常識」だったのです。常識というのは、その時代のその地域の多数意見ということです。

たとえば、人間が宙に浮くというのは、現代科学では考えられないので、常識的ではな

い、ということになります。

しかし、古代では「人間が宙に浮くことはありえない」という科学的常識が存在していないので、ありえた話なのです。その現象は、驚くべきことであっても、その時代の科学で否定されるものではないということです。

各時代に最先端科学があり、常にその科学で、解明できない現象は起きています。どの時代でも解明できない不思議な現象はあります。そういう現象は「判らない」ことであって、「ありえない」ことではないのです。その部分が、現代科学が陥る落とし穴です。

現代科学は、そういう現象を「ありえない」と決めつけてしまうことで、学問的尊厳を保とうとします。ところが、そういう決めつけは、非科学的なのです。**科学万能ではなく、科学は「未熟」だと認識すべきです。**

奇跡を起こすことは難しくない

仏陀やキリストの時代、そしてエミール師の活躍した時代や現代まで、数々の奇跡的現象が起きています。その中で、ヒマラヤ聖者などが起こす奇跡は、どういうアプローチをすれば、起こせる現象なのかに興味がある人も多いと思います。

パンが必要な人にはパンを取り出し、川を渡る必要のある人を、水上を歩いて渡らせる。病気やケガをたちどころに治癒させてしまい、遠くの村に一瞬でたどり着いてしまう。そして、仏陀、キリスト、ミラレパ、エミール師といった人たちは、そのことを「難しいことではない」と口々に言います。

そういう奇跡を可能にする、アプローチ方法はいくつか考えられます。その能力を身につけた人の、それまで生きてきた環境の違いで、少しずつ違いがあるのでしょうが、本質的には同じだと考えていいでしょう。

たとえば私の場合には、ヨーガによっていろいろな能力を開発してきました。ヒマラヤ聖者のエミール師も同じです。そう考えると、『［実践版］ヒマラヤ聖者への道』で描かれている数々の奇跡を、私のヨーガテクニックを通して観察すると、ほとんどの奇跡が理解できるのです。

確かに奇跡を起こすことは「難しくない」のですが、そこまでの能力を身につけることは、実はかなり「難しい」です。

たとえば、「人間が宙に浮くことなんてできないという思いがあるからできないのだから、その思いを消し去ればいい」と言われても、簡単にそれを消し去ることは「難しい」です。

「今パンが必要だから、目の前にパンが現れても不思議ではない」と言われても、そんなことはありえない、という考えを消し去ることができないから「難しい」のです。既成概念、常識、過去の経験則などを打ち消すのは、並大抵のことではありません。それを可能にする方法さえ身につければ、奇跡を起こすことは、「難しくない」のです。

人間を「意識力」だけで瞬殺できるほどの力は、煩悩を持つ人には与えられない

エミール師の能力を、存在能力（細胞や素粒子など微細な物質をコントロールする能力）と表現しましたが、エミール師は「一人の人間」という枠にはめられないのです。それは、四〇〇年以上生きていることもあるのですが、一人の人間としての個性や執着から離れている「存在」なのです。そのことは前章で「意識の拡大の本質」の説明をしたので、理解しやすいでしょう。

人は生まれたときには、純粋無垢で肌も透き通るようです。それが成長するにしたがって、常識を持ち、食欲、物質欲、性欲、名誉欲など、いろいろな欲が生じてきて、それを捨てきれなくなり、煩悩の塊となるのです。

ある程度の常識人となり、後半生をどう生きればよいかを考えるようになると、徳を積み、霊性を高める必要を感じるのです。そこからは、これまで持っていた、いろいろ

な執着を一つずつ解放していき、現世に対する未練が希薄になっていくと、肉体も希薄化するのです。

そして「私」という我欲から解放されて、執着が消えていくにしたがって、「一人の人間」から「一個の存在」へと移行するのです。そうなると、欲しいものはなくなり、必要なものはいつでもいくらでも手に入り、死を恐れる必要もなくなります。

そこで「よし、そういう存在になろう」と思うかもしれません。しかし、簡単にはそういう存在になれません。なぜなら、そういう存在の持つ「力」はとてつもなく大きいので、使い方を誤ったり、使いこなせなかったりするような人には与えられないのです。

どの程度、大きな力なのかというと、たとえば国家を一つ消滅させることを、簡単にできるぐらいの力はあります。そう言われても通常は信じられないでしょう。また、むやみに信じる必要もないです。それは数百歳の人がいることを信じられないのと同じことでしょう。前述のアリの譬えで想像してください。

国家を一つ消滅させることができるというのは、一人の人を「意識力」だけで、瞬殺できる力と考えてもいいです。「殺したい奴がいる」「憎らしい人間がいる」「誰かを恨んでいる」という気持ちを持っている人が、そんな力を得たら、早速使ってその相手を殺してしまうでしょう。

だから、**煩悩を持っている人には与えられない「力」なのです。**

私は今のような話を書くことで悩んでいました。そこでこの本を書くにあたって、私はエミール師と「非常に深い瞑想状態の中で」コンタクトを取りました。

エミール師は、現在も「意識体」としてはしっかりと存在しています。もし必要があれば「肉体」という形を取って出現することも可能です。しかし、「このような発達の仕方をした現代には、おそらく肉体をまとって出現する必要はないでしょう」とのことです。

エミール師は「私は『キリストの愛』という表現で伝えたけれど、貴方はあなたの表現で伝えてほしい」と言い、「それが貴方に与えられた使命だと思います」とおっしゃいました。

人間が空中に浮くこと、水上を歩くこと、空中からパンを取り出すこと、瞬時に病気を消し去ってしまうこと、空間を瞬間的に移動すること、数百歳の人がいることなど、一般的に奇跡と思えることは、信じられないのが普通です。

信じる人もいれば、信じない人もいる。そして信じる人の中でも、自分がそれをできるようになると思っている人は少ないでしょう。そしてその少ない人の中で、そういう純粋な存在に向けて努力しようという人が、もし一人でもいるとしたら、その人のために、私はヒントになることを書かなければならないのだと思います。

ムカバンダという秘法／現世に対する執着から徐々に離れていく「ノドのコントロール」

そこで、一人の人間から「一個の存在」へ向かうヒントになる、私のオリジナルの修行法を一つ紹介します。

それは私が「ムカバンダ」と名付けました。

ムカとは、サンスクリット語で「顔」「口」という意味です。バンダは「縛る」という意味です。口腔内を密閉してしまうテクニックなので、そう名付けました。

ノドの先端（＝舌の奥）と口を閉じて、口腔内に空気が入らないようにするのです。鼻と口から空気を可能な限り抜いて、口腔内を密閉状態にします。ノドの周辺のコントロールは人間があらゆる能力を高めようとするときに、最も重要なものです。

私のオリジナルの呼吸法でも、「ノドのコントロール」を重要視しています。霊的エネルギーセンターの「チャクラ」も主要な七つがあり、その中で五番目のヴィシュッダ・チャクラ（咽頭部チャクラ）は、すべてのチャクラをコントロールする役割があるので、最も重要なチャクラなのです。


ムカバンダは、まず口腔内を密閉状態にすることがスタートです。自分なりにそれを試してみて、うまくできているかどうか確認してください。閉じた口腔内の唇と上下の歯の間が隙間のない状態になったでしょうか？　そして口腔内を密閉状態にするには、舌が大きく関与します。上顎に舌の上部がピタリとくっついた状態になって、下顎にも舌の下部がピタリとくっついた状態にするのです。

頬の内側は上下の歯の間に吸い込まれるような内圧が掛かっているでしょうか？

その状態にしたうえで、口腔内のツバをすべて飲み込んでしまいます。そして、気管から鼻へ抜ける通路を開けて、呼吸します。

その状態にするのに、最初は数分かかるかもしれません。しかし、慣れてきたら一〇秒以内でその状態にできます。ちなみに、私はその状態にするのは、二秒とかかりません。

毎日それを練習していれば、短時間でその状態に持っていけるようになります。ムカバンダの状態を保つ時間は、徐々に長くしていきましょう。理想的には、気づかないうちにムカバンダ状態になっていると良いです。

ムカバンダを身につけることによって、「一個の存在」に向かっての距離が縮まることは確かです。――ということは、現世に対する執着から徐々に離れていくということです。

私はこのムカバンダを、すでに三〇年以上続けています。口を開ける必要のあるとき以外は、ほとんど実践しています。これからムカバンダを覚えようという人は、その実績を一〇年以上積み重ねると、「身についた」といえるようになるでしょう。

その一〇年が、「そんなにかかるの？」と思う人は、なかなか身につけるのが難しいでしょう。逆に「たった一〇年で身につくの」と考える人ならば、一〇年でなく、一、二年で身につくかもしれません。

生命の捉え方を考える／エミール師のような奇跡を起こすためのアプローチ

エミール師は「神の愛」を説いていますが、そこには、人間が幸せになるという、ある意味のエゴは入っていません。ヨーガ行者は主にベジタリアンですが、エミール師も同じです。そこには、動物を殺すことをなるべく避けようとする考えがあります。

人間が生きていくには、何かを食べる必要があります。肉魚野菜などを毎日食べることで生命を維持しています。その人類の中で、私やエミール師などは、どういう観点から食を選んでいるかの話をします。

有機野菜や無農薬野菜や有精卵を選んで食べるのは、私やエミール師の食の選び方ではないです。人間を含め、あらゆる動物は何かを食べて生命を維持しています。肉食動物は、弱い動物を襲い食料にします。草食動物は草や木の実などを食べて生きています。いわゆる弱肉強食という生命連鎖です。

それは自然の営みなので、正しい食生活だといえます。私たち人間は雑食で、しかも自分で食糧を得ている人は稀です。狩りや漁をして食料を得るということは、現代人のほとんどがやっていません。

食肉牛は、人間に食べられるためだけに生かされ、最後は食肉処理場で命を落とすのです。せっかく与えられた生命を全うすることなく、人間のエゴで無条件に殺されるのです。森を走り回っている動物が、狩人に捕まり殺されるのとは、わけが違います。生まれた瞬間から「死刑」の宣告をされるのです。こんなむごいことはないと思います。エミール師の活躍していた一二〇〇年前には、この残酷なシステムはなかったのです。

動物の肉を食べる人は、せめて自分でその動物を殺して食べてもらいたいです。この世に生を受けた動物は、ほんの少しでも「生きることの喜び」を味わってほしいです。その動物を殺して食べなければ、飢えてしまうのであれば、それは正しい営みです。自分で動物を殺さず、誰かが調理した「ステーキ」を食べて満足する人は、エミール師や私のような「奇跡を起こす」方向とは対極にあります。

意味のない、必要のない殺生は、極力避けるべきです。それは牛や豚に限らず、どんな動物でも同じことです。エミール師や私のようなヨーガ行者の周囲には、虎でもコブラでも、近寄ってきて、幸せそうにします。それは、動物を殺したり食べたりしないことを知っているからです。

以前のイヌイットの人たちは、アザラシを捕獲し、一頭丸ごと食糧から衣服から生活必需品にまで、活用していました。一頭のアザラシを得ることで生活が潤うので、感謝の念を持って漁をしていました。そして、生きていくのに必要な分だけの、漁をするのです。それは正しい営みです。

人間が人間の肉を食べることをカニバリズムといいますが、死者への愛着から魂を受け継ぐという意味合いがあります。また、闘っている敵の人肉を食べるのは、敵に対する憎悪の場合と、敵の武力を自分に取り込もうという考えの場合があります。そして戦地では非常食糧として食べることもあったようです。

非常食糧としては、一九七二年のウルグアイ空軍機遭難事故が有名です。「アンデスの聖餐」という映画にもなったのですが、遭難した乗客が、死亡した乗客の死体の肉を食べることで、救助されるまでの七二日間を生き延びたのです。

その他、いろいろなケースがあっても、人間が人肉を食べるというのは「動物」という観点からすれば「共食い」ということになります。私は「共食い」だとすれば、他の動物を食べるより被害が少ないので、問題としては小さいと思います。人肉を食べるより牛肉を食べることのほうが、大きな問題だと思っています。

人間という種が、牛という動物の種を脅かすのですから、牛からすれば許し難い行為ということになります。それも、生まれた瞬間から「食肉牛」と名付けられるのは、あまりにも理不尽です。

こういった、私のような視点を持ち合わせている人が、エミール師のような奇跡を起こす方法へのアプローチをすることになるのです。なぜなら、一人の人間から離れて、一個の存在という立場に立つことができるからです。「人間」の視点から離れて、牛の視点にならない限り、「食肉牛」の辛さ、悲しさは理解できません。

自分のことが判らない人には、奇跡は起こせない

そこで、「食肉牛」の辛さ、悲しさを理解している人のために、私の身につけたヨーガの立場から、可能な限り、奇跡を起こす方法の解説をします。ここからは、本質的な「意識の拡大」を理解して、その「意識の拡大」を試みている人が対象です。

まず、**最大のヒントは「繊細さ」です**。

ヨーガを実践して、瞑想能力を高めると、通常では考えられないほど、繊細な感性が身につきます。たとえば、私が指導している「首を回す」というのは、グルッと首を一周する間のいろいろな体内変化を観察するのです。

首を前に倒してから、左右どちらからでもいいので、大きく一周させます。そうすると首筋が張ることが判ります。その張り具合は回していくにつれて、後頭部からノドの方向に移行します。半周から先はノドから後頭部に移行することになります。

それは、首筋の張っている部分だけの話です。張っている反対側は、当然収縮することになります。それだけでなく、頭がほんの少し動くだけでも、首の周辺はいろいろな変化を起こします。その変化の具合をどれだけ細かく見つけられるかということです。

最初は一周する間の変化が一桁（一～九）ぐらいかもしれません。回数を重ねるごとに、その数は増えていくでしょう。なぜなら徐々に細かな観察力が身につくからです。

このテクニックの一応の目安は、細かな変化を三桁（一〇〇～）ぐらい見つけられるようになれば良いです。慣れてくれば、二〇〇～三〇〇ぐらいは、簡単に見つけられるようになります。

そして、奇跡を起こすことができるには、その先五〇〇～一〇〇〇を超えて、繊細に自分の体内で起きる変化を認識できるようになることです。

ヨーガは「自分を観察し」「自分を知り」「自分をコントロール」する技術です。

自分のことが判らない人には、奇跡は起こせません。

自分を見失った状態で起こす奇跡があるとしたら、それはアクシデントであり、事故です。「自分が起こす」または「自分の周辺に起こす」奇跡は、しっかりとした自己コントロール下でなされるべきです。そういう自己コントロール能力や洞察力などを身につけるのに、適しているのがヨーガなのです。

しかし、奇跡を起こすためにヨーガを修得するのは、危険であり無駄です。ヨーガは自分自身を高めるために修得して、その結果、ヒマラヤ聖者と呼ばれるような存在になり、必要に応じて奇跡を起こすことができるようになるのです。

その順序は、絶対に守らなければなりません。**「奇跡を起こすために能力を身につける」のではなく「自分を高めるために能力を身につける」のです**。その結果として、奇跡を起こすことができるようになるから、むやみにその能力を使わないという「優れた人格者」になるのです。

人間的に優れているから「奇跡を起こす」ことも「奇跡を起こさない」こともできる

のです。この「起こさない」ことが重要なのです。

たとえば、運転免許を取得するのは、事故を起こさないためです。奇跡を起こす能力を身につけるのは、奇跡を起こさないためだと考えても良いでしょう。

無免許運転では、事故を起こしてしまう可能性が高いです。ヨーガで身につけるような繊細な自己コントロール能力がないと、突然、奇跡が起きてしまう可能性があります。

確かな運転技術があると、事故を起こす確率が低くなります。また、起きそうな事故を回避することもできます。奇跡を起こすことのできる能力があると、やたらに奇跡を起こすことはないですし、奇跡を起こさなくても他の方法で問題を解決することができます。

繊細な感性を磨くと奇跡が見えてくる／空中浮揚の準備段階で起きる「磁極の反転」

人間が繊細な感覚を磨いていくと、どの程度まで細かな感性を身につけられるのでしょうか？　たとえば光学レンズ精密研磨という職業があります。カメラなどのレンズを高精度の球面にするのに、機械でできるのは0・1ミクロンが限界だそうです。しかし、精密機器はそれ以上の精度が要求されるので、見た目では判らないレンズの凹凸を指先の感覚で見つけ出すのです。

測定器でナノレベルの狂いを確認して、手の感覚でそれを微調整するのです。人間はそれほど、繊細で鋭い感覚を身につけられるのです。

この繊細な感性の先に、エミール師の起こした奇跡のようなことが見えてくるのです。

一九九三年一〇月に本田技研からの依頼で「空中浮揚の奥義」というテーマで講演会をしました。対象は本田技研の研究所に勤務する技術者です。世界のホンダが「空中浮揚の奥義」というテーマで私の講演会を催すことに驚きましたが、集まった一〇〇名ほどの技術者の方々の、頭の柔らかさにも驚かされました。私の話す空中浮揚実践のときの「磁極の反転」のことや、意識のコントロールのことなど、すべて「判るわかる」「うんうん、そうだ」というように、目を輝かせて聞き入っていました。

磁極の反転というのは、空中浮揚の準備段階で起きる現象です。特殊な呼吸法を使って体内にエネルギーを溜め込んでいきます。そのエネルギーの飽和状態になるまで、体内でどういう現象が起きているかというと、まず体の中にエネルギーが入り込んでくるので、肉体的には徐々に熱くなるのです。そして尾骶骨部をプラス、頭頂部をマイナスとする磁極が徐々に反転しだす。ちょうどプラス・マイナスのある一〇〇本ほどの針金の束を考えてもらえると判りやすいです。

それが、ある時点で一瞬二〜三本が反転し、そのとたん元に戻ってしまう。そしてもう少しエネルギーが溜まってくると一〇本ぐらいが反転し、さらにもう少しすると三〇本、という具合に少しずつ反転する量が多くなっていくのです。むろん、そのつど元に戻ってしまうが、私の肉体感覚としては全部は戻っていないような気がします。そして一〇〇本の束が全部一気に反転してしまうのが飽和状態になったときです。

肉体上の磁極が反転すると、どうして空中浮揚ができるのかという点ですが、私の推測では、地球の中心部がプラス、地表面がマイナスの磁極になっていて、同じ極同士が反発し合うのではないか、と思うのです。ちょうどリニアモーターカーの原理と同じことになります。

また、あるインドのリシ（聖仙）は、「人間には引力を支配する力がある」と言っています。

「人間は地球の磁力（現代人のいわゆる引力）以上にヴァイブレーションを上げ（言い換えれば力を出し）て、引力効果を無に帰してしまうことができるものだ。引力が無効になれば人間の身体は上にあがり、空中に浮かぶことができる。したがって水の上でも、地上と同様に歩くことができる」

この説も私の肉体感覚として理解できます。私がエネルギーを溜め込んでいくにつれて、磁極の反転が起きるのとは別に、徐々に肉体が軽くなっていく感じがあるからです。それは私の坐っている周りの狭い範囲で、引力の効果が少しずつ減少しているのではないかと思われます。その現象と磁力の反発の両方が、私の空中浮揚には作用しているのではないかと思えるのです。

空中浮揚の原理／引力を無効にし、月や太陽、星の引力の波動に引き寄せられる

それと、もう一つ、私が空中浮揚をするときに、引力を無効にすると同時に、引力に引き寄せられる作用も起きるのです。

何に引き寄せられるかというと、地球以外の天体の持つ「引力」です。

たとえば月の影響で潮の満ち干があるというようなことです。地球が軌道をそれて太陽に近づいたとしたら、太陽の引力に引き寄せられてしまう可能性があります。月や太陽だけでなく、宇宙には無数の星が存在していて、それぞれに引力を持っているのだから「上方に向かっての引力」に引き寄せられる可能性は十分に考えられます。常識的には、あまりに遠すぎてそういう星々の引力は地球までは届かない、と思われていても、そうではないです。地球自体が引き寄せられるほどの引力は届いていない、というだけなのです。

瞑想の深い境地に達すると、時間と空間を超越することができます。そうすると、「宇宙の星々はあまりに遠すぎる」という距離上の問題は消失してしまうのです。そこで「上方に向かっての引力に引き寄せられる」という現象が起きる可能性が生じる、と私は考えています。

月や太陽や星の引力の波動に、自分の波動を合わせて、そのエネルギーの流れに注意深く乗せていく。そうすると、確かに「上方に向かって引き寄せられる」という作用が働いているのをつかむことができます。しかし、これをつかむための特別な練習というのはないです。繊細で鋭敏な感性を育てる努力を、徹底的に重ねる以外に方法はないと思います。

「自分の意識」が身体から出ていくときに、「スルッ、スルッ」とこすられる感覚がある

そして私の空中浮揚の場合、ここまでの作業を行うまでの間に、もっと重要なことを

行っています。それは「意識の移動」です。どういうことかというと、プラーナを取り入れてエネルギーを体内に蓄積し始めたあたりから、坐っている斜め上方の一点に意識のポイントを置くようにします。ちょうど実際に空中浮揚をしたときに体が浮いているあたりです。

その意識のポイントに向けて、「自分の意識」を送り出していくのです。

「自分の意識」とは何なのかというと、自分の存在を確認できることのすべてです。「景色が見える」「音が聞こえる」「いい匂いがする」「腹が痛い」「眠い」「楽しい」「悔しい」などは全部「自分の意識」です。

ときどきそのポイントを見ることもあるのですが、ほとんどは目を閉じたままで意識の移動を続けます。意識を移動していくにしたがって、肉体の状態が少しずつ変化していきます。それは物質としての身体という認識が希薄になりだし、エネルギー体になっていく感じです。

意識の移動する様子は、肉体感覚としておもに触覚と聴覚で捉えることができます。「自分の意識」が身体から出ていくときに、身体の内部を「スルッ、スルッ」とこすられるような感覚があると同時に「シューッ」という音を聞くことができます。

意識の移動は途中までは、坐っている身体の側で行われ、最後のほうは上の意識のポイントの側から、残っている意識を吸い上げるような感じで行われます。――というのは、意識が移動をしていって、五〇パーセント以上移動してもまだ身体の側に自分がいて、ほとんど移動をし終わる九〇パーセント以上になると、主客が逆転してしまうからです。

つまり冷静に観察してみても、身体の中には「自分」が認められなくなってしまい、上のポイントのほうに間違いなく「自分」の存在が認識できるようになるのです。

そこまで来ると、空中浮揚にほんの一歩手前という状態です。

エネルギー体として感じられる身体には、ほとんど「自分の存在」がなくなり、上のポイントにしっかりとした「自分」が存在し、エネルギーが飽和状態になれば、あとは一〇〇パーセント磁極が反転するタイミングに合わせるだけになります。そして最高のタイミングを捉えて、意識のポイントに吸い寄せられるように空中浮揚をするのです。

それは本来存在するべきところに肉体が引き戻されるという感じです。

こんな内容の話をホンダの技術者の方々は、嬉しそうに聞いていました。

その技術者から、F1レーサーのアイルトン・セナの伝説的な逸話を聞きました。当時ホンダはF1レースに参戦していて、ホンダのテストコースで、セナが走ることが多かったそうです。

あるとき、一周したラップタイムを見て、「これを〇・五秒縮める」とセナが言ったそうです。その秒数が〇・五秒だったかどうかは忘れてしまったのですが、コース内の一つのコーナーを示して「あそこのコーナーで一〇センチ内側を走ればタイムを縮められる」と言い、実際その通りにタイムを縮めたとのことです。その秒数と何センチ内側を走ったかの数字は確かではないのですが、ホンダの人に話したその話は事実です。

自分が走ったコーナーの一〇センチ内側を正確に走り抜けられるドライビングテクニックは、光学レンズ精密研磨と相通じるところがあります。この繊細な感性が「奇跡を起こす」ことも「奇跡を起こさない」ことも自在にコントロールできるテクニックなのです。

だから、「奇跡を起こせるような人になろう」とするのではなく、自分が現在関わっている仕事や趣味のレベルを上げるべく研鑽を重ねることが重要なのです。それによって、常識をはるかに超える「繊細さ」が身につくことで、「奇跡を起こす」ことも「奇跡を起こさない」こともできるようになるのです。

あらゆることを「白紙の状態」で受け入れる

私の空中浮揚も、そうやってできるようになったものです。それ以上でもそれ以下でもありません。ときどき、「私も空中浮揚ができるようになりたい」と私の元を訪ねてくる人がいます。それは繊細な感性を磨けば、可能なことです。だからエミール師が「奇跡を起こすことは簡単です」と表現したのです。

そこに、大きな秘密もなければ、魔法のようなこともないのです。誰でも手に入れられることなのです。しかし、そう言われても、納得しないから奇跡を起こせないのです。

エミール師が「一緒に川を渡ろう」と言ったときに、素直に従えば水上歩行はできるのです。「そんなことは私にはできない」という確固たる信念が邪魔しているだけです。「人間が空中に浮くなんてありえない」というのと同じです。そう思っている人には、絶対に奇跡は起こせません。あらゆることを白紙の状態で受け入れられれば、どんな奇跡でも起こせるし、起きても驚かないのです。

その「白紙の状態」になる方法で、私が推奨するとしたらヨーガです。ハタ・ヨーガによって肉体を操作することで、細かな感性が身につきます。それと同時に身体的な健康も得られるというおまけも手に入れられます。

一年経てば、一歳年を取るという常識に縛られているから、確実に死が近づくのです。エミール師のように「今」を生きている人には、「老い」はありません。

それは、夢物語でも絵空事でもなく、確かな「現実」なのです。

そのことは、ヨーガ行者なら誰でも知っています。

ヨーガを実践していると、いろいろな執着から解放されるようになります。

「金持ちになりたい」「痩せたい」「偉くなりたい」「年を取りたくない」「美味しいものを食べたい」「有名になりたい」「死にたくない」など、欲望や執着をいっぱい抱えて暮らすのは大変です。そういう執着から解放されて、死からも解放されて人生を謳歌できるのがヨーガなので、私はヨーガを実践しているのです。

ほんの少し自分に意識を向けて、自分を知ろうとすることで、人生は大きく変わります。

奇跡を起こす聖者は、はるか彼方にいるのではなく、自分自身の中に存在しています。
あらゆる宝物は、生まれたときからずっと自分の中に持っているのです。
遠くに奇跡を探し求める必要はありません。
それは、自分の中にあるからです。

あとがき

一通り書き終えた後、いまだに私の心は揺れ動いています。出版するために原稿を書いたのですが、書きながらも「出版されないほうがいいかもしれない」という思いが常にあったのです。そして、今でもその思いは拭いきれません。

それでも、あえて出版に踏み切ったのは、私のような考え方をする人間が、現代のこの世に存在しているということを知ってもらうことが、何らかの形で役立てばよいと考えたからです。

本来心優しい草食動物の「牛」が「食用牛」と名付けられて、何の罪もないのに、狭いケージという牢獄で短い生涯を終えさせられる。そういう境遇を与える権利が人間にあるのでしょうか？

私は何十年も牛肉や他の肉魚を食べていません。せめて人間としての罪滅ぼしに、私の死後、私の身体がライオンかハイエナの食糧になればよいと思っています。しかし、おそらくそれは難しいでしょう。日本で死ぬと火葬になるので、大地の肥やしにもなれず、大気汚染に加担するだけという悲しい死を迎えるのです。

世界の人類が幸福になることの前に、生まれてきた動物が、その生命を「全うできるように」というのが、私の切実な願いです。野生の動物も、文明の進化という人間のエゴに脅かされています。世界中に道路が網羅され、建築物が加速度的に増えていることで、あらゆる動物が迫害されているのです。

人類を豊かにすることは、もうストップしたいです。

動植物に対する迷惑は見るに堪えません。

そういう考え方をする人が、世界中に数人でも存在することが貴重なことです。仏陀、キリスト、パドマ・サンバヴァ、エミール師など、各時代に人類の「暴走」を少しでも緩和するための示唆をする人が必要です。その一人というポジションに私の存在があるのなら、空中浮揚でもルンゴム（空中歩行）でも、体得した意味合いがあるのだと思います。

今さら、私の空中浮揚を活字にすることが必要なのだろうか？　と自問自答しました。しかし、二五年前の私の空中浮揚写真が「人生の支えになっている」、「生きていく希望や夢を、その写真から受けている」という話を聞くと、ある種の役割なのだろうなと思います。

エミール師やルルイ大聖というのは、仮の名前です。ベアード・スポールディング氏が出版するときに「エミール」という名前を使って、数々の奇跡体験を紹介したのです。私の場合も同じで、「ルルイ」という名前を使って、ある種のメッセージを受けたのですが、そのどちらも本来は名前をつけられない存在です。

ヒンドゥー教には「ブラフマン（梵）」という人格を持たない神があります。宇宙を創造し、維持している根源的な存在ですが、本来ブラフマンという名前さえつけられない存在なのです。しかし、名前がない状態でヒンドゥー教神話に登場させることはできないので、ブラフマンと名付けられているのです。

ブラフマンは宇宙そのもの、宇宙の存在そのもの、宇宙のあらゆる活動そのものであって、人間でも神でもなく「存在しているだけ」なのです。その（一応便宜上ブラフマンと名付けた）存在に至るライン上に、エミール師やルルイ大聖の存在を認識できるのです。もちろん、私もそのライン上で生きています。

さらに言うなら、本書を読んでいる皆様も、同じライン上にいて、生活しているのです。ヒマラヤ聖者と一般的な人が別のルートを歩んでいるのではないのです。この地球上に生まれて、生きてきて、さらにこれからの人生を歩んでいくのは、私も皆様も同じです。


まず「奇跡的能力を身につけよう」とするのではなく、よりよい人生を歩むために自分を磨き、自分自身を見据え、自分を知ろうとし、自分の霊性を高めようとすることで、あらゆる奇跡的な能力は、必要に応じて使えるようになるのです。

そうして身についた能力は、社会生活を豊かにして、輝きに満ちた人生を送るために、大いに役立ちます。自分の人生に役立てなければ、どんな奇跡的能力も無駄です。
その意味で、本書に紹介したテクニックを身につけて、これからの生活に役立ててください。

成瀬雅春

二〇一四年一二月

成瀬雅春　なるせ まさはる
ヨーガ行者、ヨーガ指導者。1976年からヨーガ指導を始め、1977年２月の初渡印以来、インドを中心にアジア圏を数十回訪れている。地上１メートルを超える空中浮揚やシャクティチャーラニー・ムドラー（クンダリニー覚醒技法）、心臓の鼓動を止める呼吸法、ルンゴム（空中歩行）、系観瞑想法などを独学で体得。2001年、全インド密教協会からヨーギーラージ（ヨーガ行者の王）の称号を授与される。2011年６月、12年間のヒマラヤ修行を終える。成瀬ヨーガグループ主宰。倍音声明協会会長。日本速歩協会会長。朝日カルチャーセンター講師。主な著書に『ヒマラヤ聖者が伝授する《最高の死に方＆ヨーガ秘法》』（ヒカルランド）、『クンダリニーヨーガ』『ハタ・ヨーガ　完全版』『クンダリニー覚醒〜すべての人に宿る　強大な精神パワー〜』『速歩のススメ　空中歩行』（いずれもBABジャパン）、『インド瞑想の旅』（中央アート出版社）、『仕事力を10倍高める』シリーズ（PHP研究所）は韓国でも発刊、監修に『あるヨギの成功の黄金律』（フォレスト出版）など。

〔問い合わせ先〕
〒141-0022 東京都品川区東五反田2-4-5 藤ビル５階
成瀬ヨーガグループ
E-mail　akasha@naruse-yoga.com
URL　https://naruse-yoga.com/

＊本作品は2015年２月、ヒカルランドより刊行された
『時間と空間、物質を超える生き方』の新装版です。

次元を超えると奇跡が起こる！

［新装版］時間と空間、物質を超える生き方

エミール大師と深くつながる日本のヒマラヤ聖者がすべてを語る

第一刷　2023年8月31日

著者　成瀬雅春

発行人　石井健資

発行所　株式会社ヒカルランド
〒162-0821　東京都新宿区津久戸町3-11　TH1ビル6F
電話　03-6265-0852　ファックス　03-6265-0853
http://www.hikaruland.co.jp　info@hikaruland.co.jp

振替　00180-8-496587

本文・カバー・製本　中央精版印刷株式会社

DTP　株式会社キャップス

編集担当　小澤祥子

ISBN978-4-86742-291-5

『3　深奥の望みを実現する法則』
宇宙一切を救う方策
この本一冊あれば《すべて》が手放せる
成瀬雅春〈エミール師と私〉第二話収録
四六ハード　本体 3,000円＋税

『4　奇跡と創造の原理』
宇宙の全貌［I AM］へ大悟すれば
あなたは神そのものとなる
〈船井幸雄と『ヒマラヤ聖者の生活探究』〉第二話収録
四六ハード　本体 3,000円＋税

『5　久遠の生命』
すべては光、すべては波動
内なるキリストに目覚めた者に流れ込む超パワー
成瀬雅春〈エミール師と私〉第三話収録
四六ハード　予価 3,000円＋税

『6　完全なる調和と統合へ』
空間移動、食物の無限供給、肉体の消滅
人間の超人への飛翔を後押しする本邦初訳の瞠目の書
〈船井幸雄と『ヒマラヤ聖者の生活探究』〉第三話収録
四六ハード　予価 3,000円＋税

◉船井幸雄氏が絶賛してやまない永遠の聖なる書『ヒマラヤ聖者の生活探究』が、エミール大師を師とする成瀬雅春氏のリアル新訳で蘇る！
◉愛と光の超人となって、すべての困難をスルーして行こう！
そのためのノウハウは全部この本に記されている
◉実践するためには、お金も物もマスターと出会う必要もない
あなたの中に元々ある魂に磨きをかけるだけ
◉ヒマラヤ聖者のパワーは、イエスが使った「神の力」と同じものであり、その力は、今ここで、あなたに使われるのを待っている！
◉日本未訳の第6巻が加わって、ついに完結！

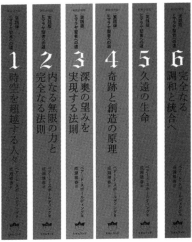

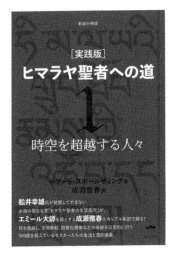

スイッチオンするだけ！
コンパクトなのにインパクトがスゴイ！

オルゴンエネルギーとホワイト量子エネルギーの融合によって、原子や分子などをより高いエネルギー状態へと導き、全身のバランスを整えます。点灯なしでもエネルギーは出ていますが、点灯させることでより高まります。レギュラーとハイパワーでは、バッテリー容量（通電力）が３倍違います！

長さはシーンやお好みに合わせて変えてください。ボタンを押すと緑色LEDが点灯します。着かなくなったら充電してください。

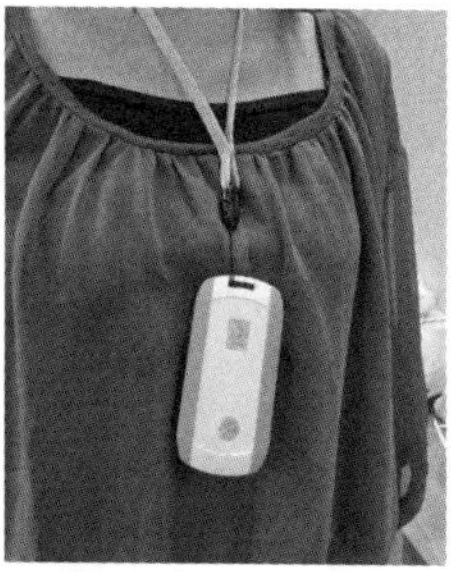
使用例　ハイパワー着用時

付属品 USB 充電器

呼吸器系が弱く、一度咳き込むとなかなか止まらないのですが、クオンタムリペイヤーをしている時は平気です。気道の状態は、自律神経に関係していると言いますから、無意識領域のバランスをとってくれていると思っています。

（スタッフ H）

体調を崩した編集の M に貸したら、かなり気に入ったようで全く返って来ません。仕方がないので、もう一台新調。咳が出そうになった時、胸腺のところに置きボタンを押すと咳が止まります。体調を崩した時、2~3 日つけっぱなしにするとすっきり改善します。

（スタッフ T）

本といっしょに楽しむ イッテル♥ Goods&Life ヒカルランド

弱いところに優しく寄り添う

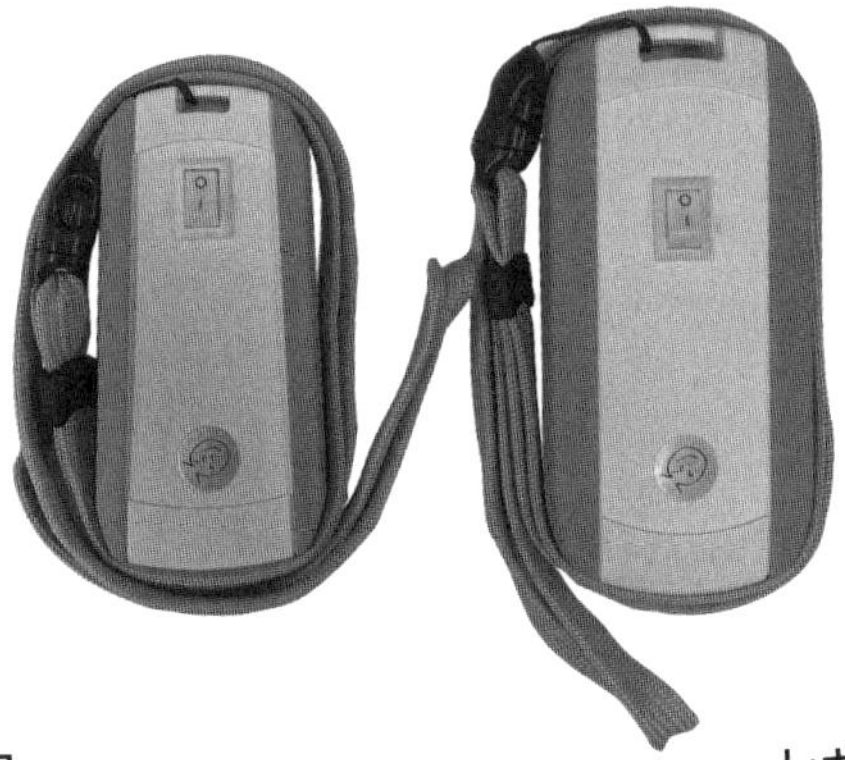

ハイパワー　　レギュラー

WQE 加工商品

WQE+Orgone+
量子のクスリ箱クオンタムリペイヤー

レギュラー	88,000円（税込）
ハイパワー	176,000円（税込）
2タイプ同時購入	264,000円（税込）のところ 220,000円（税込）

※デザインおよび色合いは予告なく変更することがあります。

レギュラー　サイズ：［本体］幅約4.4cm×長さ約9cm×厚さ約2cm［ストラップ］長さ約52cm×幅1cm　重量：約44g　素材：［本体］ABS樹脂［ストラップ］ナイロン　仕様：マイクロオルゴンボックス、WQEコイル、緑色LED、充電タイプ

ハイパワー　サイズ：［本体］幅約5cm×長さ約10.5cm×厚さ約2.8cm［ストラップ］長さ約52cm×幅1cm　重量：約70g　素材：［本体］ABS樹脂、［ストラップ］ナイロン　仕様：マイクロオルゴンボックス、WQEコイル、緑色LED、充電タイプ

【使用法】身に着ける：付属のストラップをお好みの長さに調節し、1日2～3時間首からかける、部屋などに置く：ストラップをフックなどにかける又はストラップを使用せず、お好きな場所に置くなど。

【使用例】瞑想の時：より深い状態へ導いてくれます。就寝前に：より心地よく眠れるように働きかけます。ヘトヘト、イライラ等：平常心が戻るようにサポートします。

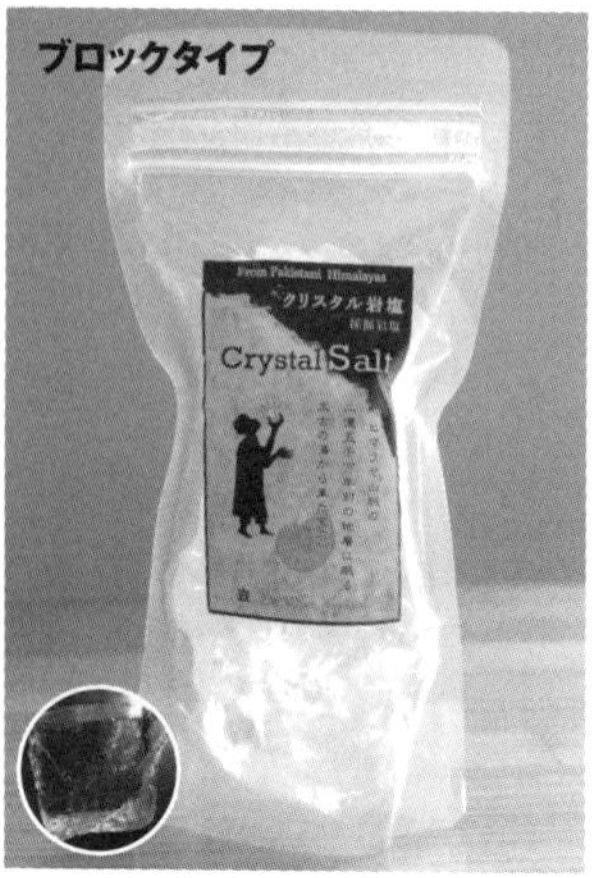

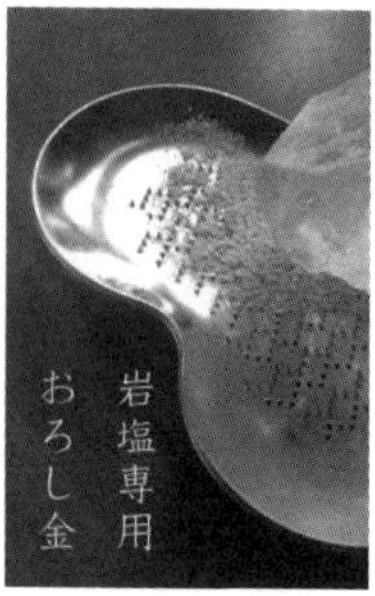

クリスタル岩塩ブロック&おろし金 2 点セット

■ 3,660円（税込）

内容量は250ｇ。塩はブロック大（３～５㎝）。

新潟県燕市のおろし金専門メーカーが製造した岩塩専用の逸品。最新技術によって、かつて職人が１つひとつの目を叩き出した「本目立て」を再現し、原料に錆びにくい純チタンを使用。粉雪のような微細な粒子となるため、より繊細な塩味を味わえます。
※パッケージは変更となる場合があります。

粒タイプ

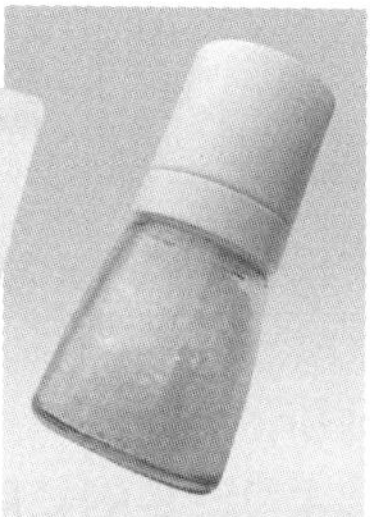

クリスタル岩塩&ピンク岩塩&オリジナルミル 3 点セット

■ 2,760円（税込）

内容量は、ともに250ｇ。塩は３～５㎜の粒大。

オリジナルミルは、セラミック刃を使用しており、錆びる心配なし。調整ツマミで岩塩の粒の大きさを変える事が可能。揚げ物の衣に絡ませたいときには細かく、カリッと塩の感触を味わいたいときは大粒にするというのも岩塩ならではの愉しみ方。一般に流通しているミルよりは一回り大振りなサイズで、塩の入れ替えがスムーズで使い勝手もよいと高評価です。
※パッケージは変更となる場合があります。
つめ替え用もございます。

クリスタル岩塩／ピンク岩塩 ミルタイプ　250g

■ クリスタル岩塩 960円（税込）／ピンク岩塩 600円（税込）

＊ご案内の価格、その他情報は発行日時点のものとなります。

本といっしょに楽しむ イッテル♥ Goods&Life ヒカルランド

光のエネルギーが舞い込む！
「クリスタル岩塩」

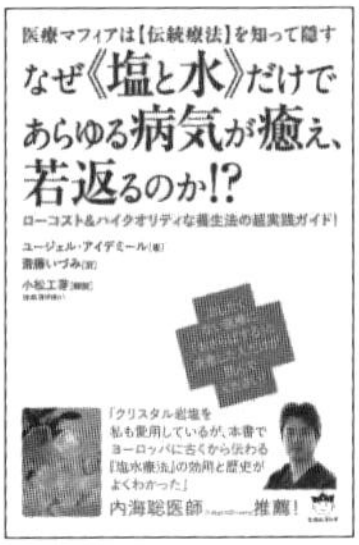

● 地球が育てた希少な純粋結晶

クリスタル岩塩は、パキスタンの太古の地層から採掘される、環境汚染とは無縁の古代海水が結晶化した塩です。甘味と旨味が特徴的で貝類のような旨味が広がります。

塩の立方体結晶がとてもきれいに繋がっているのが他の塩とは異なる点です。このため乱反射がなく透明に見えます。普通の有色の岩塩が石炭のような粗い構造をしているのに対して、ダイヤモンドのような緻密な構造で元素同士がきれいに配列されています。そのため水に溶けやすくイオン化しやすいため、身体に優しく浸透しやすいお塩です。

ヒマラヤ産岩塩の中では最も採掘量が少なく、全体量の５％以下程度しか採掘されません。日常的に使う塩だからこそ、もう一度見つめ直して、大地のエネルギーをとりいれてみてはいかがでしょうか。

● 料理に合わせて広がる味わい

クリスタル岩塩はカリウムを含んだ旨味のある野菜や、魚類、貝類、甲殻類によく合います。汁物にすると貝類系の旨味がよりいっそう活きます。白身魚や鶏肉との相性も抜群。

クリスタル岩塩と同じ古代岩塩層より採掘されるのがピンク岩塩ですが、採掘量は比較的多く、クリスタル岩塩に比べると地層的には「若い」お塩で、ナトリウム以外の微量成分が多く含まれています。ピンクの色素の由来は、鉄イオンによるもの。若干スパイシーなので、お肉との相性がGOOD。

【お問い合わせ先】ヒカルランドパーク